歴史文化ライブラリー

110

仏画の見かた

描かれた仏たち

中野照男

吉川弘文館

目次

仏画の内容を知るということ——プロローグ

展覧会の解説文

わたしは、以前、博物館に勤めていた。展覧会にたくさんかかわり、展覧会のカタログの作品解説もいろいろと書いた。わたしは、たとえば仏教絵画を扱った展覧会であれば、出陳《しゅっちん》作品の解説を書くときには、たいていつぎのようにする。全体を三つの部分にわけ、まず最初にその作品の図像学的な意味を簡潔に書く。その作品は何を表現しているのか、その作品の主題や内容は何かということである。続いて、技法や表現の特徴に留意しつつ、その作品を記述する。主題をどのように表現しているかということである。最後にその作品を美術史的に価値づける。なぜこの作品がすばらしいのか、なぜこの作品は展覧会に陳列するのにふさわしいのか、という具合にその作品を評価することである。簡単に言えば、誰が、何を、どのように描いたか、そしてそれは美術の歴史のなかでどのような価値をもっているかを記述して、解説とするわけである。仏教絵画の場合、誰が描いたかはわからないことが多いので、最初の「誰が」の部分はたいてい欠けることになる。

日本では、解説文は、あまり長すぎないことが好まれる。字数に制限がなく、思いのままに長く書くことができるのはまれである。さっと読むことができて、そして必要不可欠な情報が的確に伝えられる、そういうコンパクトな解説が求められる。同時に、解説文は、一般の観客に理解されやすいように、やさしく書くことが求められる。これが大変むずかしい。やさしく書こうとすれば、おのずと長くなる。短くまとめようとすると、必然的に専門の用語に頼ることになり、むずかしくなる。展覧会にかかわり始めた当初は、どのように書くべきか、ずいぶん悩みもしたが、長すぎず、むずかしすぎずという相反する要求の間で上手にバランスを取りながら解説文を書くことに、わたし自身、だんだんと慣れてきて、またある意味ではそれが一種のスタイルともなって、思い悩むことも少なくなってきた。

日本人の仏教理解は深いか

ところが、そういう慣れに反省を強いられる出来事があった。一九八八年に、ドイツのケルンの東洋美術館において密教美術の展覧会（SHINGON, Die Kunst des Geheimen Buddhismus in Japan）が開催された。展覧会カタログの作品解説は、あらかじめ日本側で原稿を用意することになった。わたしたちは、いつものとおりの長すぎない簡潔な解説文を用意した。むしろ、外国の人に読ませるのであるから、いつもよりは短かったかもしれない。その解説文が、ケルンの東洋美術館のロジャー・ゲッパー館長に届いたとき、即座に館長から指摘された。日本においてこの展覧会が開催されるのであれば、日本では仏教に関して基礎的な知識をもった人が多いだろうから、このような専門的な解説文でも容易に理解されるであろうが、ドイツではそれは無理である。まず仏教に関する基礎的な知識から説き始めなければならない。たとえば、密教の尊像の一つを取り上げたときにも、まずその尊像の名前の意味、その尊像が密教のなかで果たす役割、その尊像の姿や形、持ち物など、きわめて基本的なことから説明する必要があるというのである。ゲッパー館長のご尽力によってできあがったカタログは、作品の一点一点に詳細な解説の付された大部のものとなっていた。心やさしい館長は、日本のみなさんが用意してくれた解説文を大いに参照させてもらい、かつカタログの解説文のなかに織り込んだと言って、慰めてくださったが、そのドイツ語版のカタログは、日本側がイメージしていたものとはかなり異なる形のものであった。

そのときに思った。本当にドイツと日本では事情が違うのであろうか。ドイツ人よりも、日本人の方が確かに仏教については詳しいのかもしれないが、それは本当に体系的な知識なのであろうか。わたしは、日本人の仏教に対する基礎的な知識、常識といったものに頼って、本来解説すべき内容を故意に、あるいは不用意に割愛してはいないだろうか。また、わたしが伝えたいと思ったことは本当に伝わっているのであろうか。わたしは、日本人に対しても、仏画の内容、その技法上の特色、評価について、もっと詳細に語るべきではないだろうか。

仏画の何を見るか

本書は、この反省に立って、仏画の内容についてできる限り詳しく語ろうとしたものである。多くの仏画には典拠となったお経がある。この典拠となったお経の内容を絵画化したものを、経変、あるいは変相図とよぶ。したがって、典拠となった経典を探し出せば、その仏画の内容を詳しく読み解くことが可能となる。しかし、典拠を見出すことのできない仏画もないわけではない。それは、単純に、現在まで典拠が見出されていないだけかもしれない。また、経典という形にまとめられていない民間の信仰に基づいて作られた仏画であるかもしれない。あるいは、作画や造像の方が早く、その像をどのような形に表すかについての取り決めや規則が、その作画や造像を追認する形で、後にまとめられたという場合もあるだろう。典拠の経典が見出されない仏画については、このような事情についてできうるかぎり、明らかにしたいと考えた。

仏画の世界を語るに際して、その素材に何を取り上げるかについては、結果的には非常に恣意的になってしまった。しかし、できるかぎり、仏画の世界を体系的に示すことができるように心がけた。仏画に登場する尊像は、仏、菩薩、明王、天などである。簡単に説明すれば、仏は悟りを得た存在、菩薩は目下修行中の存在、あるいはすでに悟りを得る境地に達しているが、衆生、すなわちこの世の人々を悟りに導くために、あえて修行中の位に身を置く存在、明王は力でもって衆生を悟りに導く存在、天は仏教世界を守護する神である。その他、仏画には羅漢、祖師なども登場する。限られた紙数の中では、すべてを取り上げることはできない。ここで取り上げるのは、つぎの尊像を取り扱った仏画である。

①歴史的な存在としての釈尊《しゃくそん》

②抽象化された、法としての存在の仏陀

③仏陀の住処《すみか》である浄土

④彼岸の仏である阿弥陀仏
⑤眷属《けんぞく》、分身、衆生の守護者など、種々の役割をもつ十二神将
⑥救済者としての地蔵菩薩
⑦救済の本尊としての役割を身につける餓鬼

①から④は仏、⑥は菩薩、⑤は天にかかわるものである。⑥は同時に六道絵《ろくどうえ》（生きものが輪廻《りんね》転生する六つの世界のありさまを描いた絵）にもかかわる。⑦は六道にかかわるとともに、道教の信仰にも関わるものである。

いちおうこれらによって、仏、菩薩、天の性格、その姿や形の一部をかいま見ることができるであろう。しかし、明王や曼荼羅《まんだら》など、仏画の他の重要な分野については、今回取り上げることができなかったことをあらかじめお断りしたい。

加えて、もう一つお断りしておきたい。それは、仏画の制作された地域を統一しなかったことである。今回取り上げた仏画は、日本、朝鮮、中国、中央アジアなどで制作されたものである。わたしの能力では、一つの地域に限って、仏画の世界の多様性を示すことはできないと考えた。また、わたしは、他の地域で制作された仏画が、たとえば日本においてどのように受容されたのかという問題について関心をもっており、そのためには複数の地

域を取り上げたいと考えた。日本に伝来した朝鮮の釈迦誕生図、中国の孤魂《ここん》（焔口餓鬼《えんこうがき》）図などを取り上げるのは、その関心に基づく。その仏画は、制作地においてどのような目的でつくられたのか、その仏画は日本において積極的に受け入れられたのかなどの問題についても可能なかぎり答えを見出そうとした。主題の面でも、地域の面でも不統一の感は否めないが、かえって普段はあまり目にしない作品も含まれることになり、仏画の多彩な世界をみていただけることになったのではないだろうか。

釈尊から仏陀へ

朝鮮の釈迦誕生図

本岳寺の釈迦誕生図

福岡市の蓮池にある本岳寺《ほんがくじ》には、釈迦の誕生の場面を丹念に描いた李氏朝鮮時代の画幅が伝えられている。絹本著色《けんぽんちゃくしょく》、縦一四五・〇チ《セン》、横一〇九・五チ《セン》の掛幅で、左辺の下部の一部に後補が認められるが、それ以外は保存状態のよい画幅である。

仏伝図《ぶつでんず》は朝鮮仏画のなかでは重要な位置を占めている。朝鮮の寺院では、釈迦如来像を安置する大雄殿《たいゆうでん》を正面に置き、その脇に八相殿《はっそうでん》を配置して、そのなかに釈迦八相図《しゃかはっそうず》をおさめる例がある。そのほか、釈迦八相図は、全羅南道順天郡の松広寺にみられるように、釈迦の説法と深く関連する霊山殿にまつられる例もある。

図１　釈迦誕生図（福岡、本岳寺）

日本には朝鮮の仏伝図が数例伝来している。本岳寺が所蔵する本図（図1）は、仏伝のうち誕生の場面のみを取り扱った例であるが、おそらく釈迦八相図のうちの一幅が伝存したものであろう。本図は朝鮮の仏伝図の画面構成の変遷を考えるうえで、また朝鮮の仏伝図の典拠を考えるうえで、基準となる作品である。さらに、日本における朝鮮仏画の受容の実態を知るうえでも、注目すべき作品といえよう。

本図は、金泥《きんでい》による銘文が画中の二十数ヵ所に書かれている。それらを列記すると、上段向かって右より、「周昭王《しゅうしょうおう》」「泉井泛溢《せんせいはんいつ》」「太史蘇由《たいしそゆう》」「五色光貫太微宮《ごしきのひかりたいびきゅうをつらぬく》」「諸天」「九竜下香水《きゅうりゅうこうすいをくだす》」「魔王不安本座《まおうほんざにやすらがず》」「八部」「夜叉《やしゃ》」「摩耶夫人《まやぶにん》」「無憂樹《むゆうじゅ》」「摩耶夫人」「帝釈《たいしゃく》」「梵王《ぼんおう》」「四天王」「采女《うねめ》」「夜叉」「宝蔵自出《ほうぞうじしゅつ》」「四井《しせい》」「浄飯王《じょうぼんのう》」「自然百味飯食（飲食の誤りか）」「四兵」「梵志相士普称万世《ぼんしそうしあまねくばんせいをたたえる》」「采女」「摩耶」「梵天」「天」「市人」「雪山獅子」とある。これらの銘文からも明らかなように、本図は、摩耶夫人の出遊に始まって、藍毘尼園《ルンビニー》における太子の誕生、七歩獅子吼《しちほししく》、灌水、そして誕生に伴う瑞応《ずいおう》や諸獣が同時期にそろって子を産む様子に至るまでの場面を描いている。画面の中央やや上よりにルンビニー園を象徴する方形の舞台状の区画があり、その下には楼閣や城壁によって水平に区切られた三つの区画がある。物語は、基本的に下段から上段へと展開しているが、

図２　釈迦誕生図（福岡、本岳寺）部分

いくつかの場面はその事件にふさわしい場所に振り分けられている。

図像解釈　物語は下から第二段目の区画に始まる。この部分は、『過去現在因果経《かこげんざいいんがきょう》』巻第一に説く、摩耶夫人が宝輿《ほうよ》に昇り、諸官属や采女が前後に付き従い、ルンビニー園へとおもむく場面である。四天王が王后の車を挽《ひ》き、梵天王が先導する場面が加えられているが、それらは『普曜経《ふようきょう》』巻第二や『方広大荘厳経《ほうこうだいしょうごんきょう》』巻第三の記述に拠ったものであろう。

続く場面は、上段の舞台のように描かれた区画に移る。無憂樹下の太子の誕生、七歩獅子吼、灌水、数々の瑞応などの説話が、ほぼ『過去現在因果経』に拠って描かれている。画面では、欄干にかこまれたルンビニー園の中央やや右寄りに枝葉の繁った無憂樹が描かれ、その向かって右下に摩耶夫人の右腋より誕生する太子が描かれている。生まれ出る太子を七宝七茎の蓮華が受けている。その前では、童子形の太子が四方へ七歩ずつ行き、右手を上げて獅子吼している（図2）。また無憂樹の向かってすぐ左には、ひとりの采女が、細氈《さいせん》（うぶぎ）にくるんだ太子を抱き、台座に坐る摩耶夫人に届けようとする場面がある。無憂樹の向かって左の部分には、太子の灌水の様子が描かれている。太子は宝机の上に坐し、光明を発している。左右に帝釈天と大梵天王が侍立《じりつ》し、上空に現れた九体の竜王が太子に浄水を注いでいる。園の左下部分には四井の香水が描かれ、園の左右の縁には、花鳥や樹木、岩などの表現が見られる。左右の欄干の外には四体ずつの夜叉が合掌して立っている。園の上空左側では、天竜八部が奏楽讃頌《そうがくさんじゅ》し、上空の右側では諸天が合掌供養している。天竜八部のさらに上空の雲間には、魔王がこの太子誕生の有様を俯瞰して、ひとり煩悩を懐き、本座に安んずることができないという様子が見られる。『過去現在因果経』の所説にほぼ忠実な画面ではあるが、いくつかの場面は『過去現在因果経』では説明がつかない。灌水の場面は、『過去現在因果経』の経文によれば、太子は難陀竜王《なんだりゅうおう》と優婆難陀竜王《うばなんだりゅうおう》の二竜王によって温涼な清浄水を身に注がれると説かれているが、本図では二竜王ではなく、九竜王によって灌水が行われている。これは『普曜経』巻第二の所説に拠ったと考えられる。また、七歩獅子吼の場面でも、『過去現在因果経』では、太子が自ら七歩を行き、右手を挙げて獅子吼すると説くのみであるが、本図では、太子の足跡を表す蓮台を各辺に七個ずつ配し、矩形を形作ることによって、太子が東西南北の四方にそれぞれ七歩ずつ歩んだことを示そうとしている。これは、『方広大荘厳経』巻第三もしくは『仏本行集経《ぶっぽんぎょうじっきょう》』巻第八の所説に基づいた表現であろう。その経文によれば、その様子はつぎのとおりである。太子は扶持を借りることなく、まず東へ七歩行き、そこで言をなした。彼が足をおろすところには、みな蓮華が生じた。その後、南方、西方、北方、下方、上方にそれぞれ七歩行き、その度に言をなした。ちなみに、「天上天下唯我独尊《てんじょうてんかゆいがどくそん》」で知られる、いわゆる誕生の偈《げ》は、太子が西方にあって発した言であることがわかる。

太子の誕生に伴って現れた種々の瑞応については、画面の諸処に描かれている。『過去現在因果経』によれば、三四の瑞応が現れたというが、本図には、そのうち九つの瑞応が描かれる。すなわち、ルンビニー園のまわりに、木々が敷栄《ふえい》し（第三）、奇特樹が生え（第四）、園苑の樹木に甘果が生じ（第五）、地中より宝蔵が自ら発出し（第六）、諸蔵の珍宝が光明を放ち（第七）、天の妙服が降り来たり（第八）、天の百味の食が自然に現れ（第十八）、無数の白象が蓮華を携えて殿前に列し（第二十一）、五百の白獅子が雪山を出て、悪情をいさめ、心に歓喜を懐き、城門に羅住する（第二十三）（図3）。このうち、第三から第八までの瑞応はルンビニー園を描いた段に、第十八と第二十一の瑞応は下から第三段目の向かって右の宮殿の周りに、第二十三の瑞応は、最下段の向かって右の城門の前に描かれている。

つぎに、場面は下から第三段目に移る。向かって右端にある宮殿の場面である。青衣（大家に奉仕する女子）がルンビニー園より宮中に戻り、太子誕生とそれに伴う瑞応の次第

図3　釈迦誕生図（福岡、本岳寺）部分

図4　釈迦誕生図（福岡、本岳寺）部分

を浄飯王に奏上する場面で、やはり『過去現在因果経』に基づいている。同じ段の中央部分は、太子誕生の報せを聞いた王が、歓喜して、ルンビニー園へ夫人を迎えにでようとする場面で、これも『過去現在因果経』に基づく（図4）。このとき、王は四兵眷属《けんぞく》に囲まれ、一億の釈姓の人々を前後に従えていた。そして王はルンビニー園に入ろうとしたときに園中がことごとく天竜八部で満たされているのを見たという。園の入り口の階の前で、王と向かい合っているのが釈姓の人々である。また同じ段の向かって左端の場面は、『修《しゅ》行本起経《ぎょうほんぎきょう》』巻上に説くつぎの場面に当たるであろう。すなわち、王は太子の誕生を聞き、心に喜躍を懐き、大衆、百官、梵士（婆羅門）、居士、長者、相師（人相見）とともに出迎えにでた。王の乗る馬の足が地に着くやいなや、五百の伏蔵が一時に発出した。梵士、相師は普《あまね》く万歳をとなえた。釈姓の人たちの後ろに跪《ひざまず》いているのが梵士、相師と考えられる。下から二段目の向かって左の部分は、商人が珍奇な財宝を貢ごうとする場面と思われる。

最下段の中央から左端にかけての部分は、『過去現在因果経』に説く諸獣生子の場面である。太子が誕生すると、王厩《おうきゆう》のなかでも、象、馬、牛、羊をはじめ、五百種の獣が息災な子を産んだという。本図には、画面の上方右端にもうひとつの場面が描かれている。それは、『仏祖統紀《ぶっそとうき》』などにみえる周の昭王の故事にかかわる場面である。『仏祖統紀』の釈迦牟尼仏本紀、示降生の条に、つぎのように語られている。周書の異記に、昭王の二十四年甲寅《こういん》の歳の四月八日に、五色の光が大微（宮）を貫き、四方に行き渡った、太史蘇由がいうには、西方に大聖人が生まれたのだとある。

以上、時間的な展開にほぼ従いながら、各場面をみてきた。本図は基本的に『過去現在因果経』巻第一の所説に基づいて描かれ、いくつかの情景は、『普曜経』『方広大荘厳経』など、その他の経典に拠って描き加えられていることがわかる。

釈迦誕生図の作例

このような李氏朝鮮時代の釈迦誕生図の作例としては、鹿児島の野上家が所蔵する釈迦八相図一三幅のうちの誕生図、康熙《こうき》三十一年（一六九二）寄進の壱岐・華光寺蔵の仏伝図、韓国全羅南道順天郡の松広寺霊山殿の雍正《ようせい》三年（一七二五）の釈迦八相図などが知られる。これらの三例の図像は本岳寺の釈迦誕生図と近い。すなわち、本岳寺の釈迦誕生図と同じように、基本的には『過去現在因果経』に拠り、灌水の場面では、いずれも『普曜経』による九竜灌頂の様子が描かれている。これにより、朝鮮の仏伝図における『過去現在因果経』『普曜経』の重要性が看取される。しかし画面の構成の面では違いが見られる。野上家本は、画面は縦長で、雲によって区切られた各場面が、上辺から下辺に向かって展開している。華光寺本と松広寺本の画面は横長で、瑞雲と楼閣によって段落に区切られた各場面が向かって右から左へと展開している。類例が少ないのを恐れず、大胆に言うならば、李氏朝鮮時代の釈迦誕生図は、本岳寺本から、野上家本、華光寺本、松広寺本へと画風および画面構成が移行するのが認められる。本岳寺本は、規則的な幾何学的構図をとりながら、しかし図像的には錯綜した複雑な内容をもっている。これに対して、他の三例の場合は、雲や楼閣によって区切られた各場面は、画面構成において互いに関連するところをもたず、単に物語を展開させるためにのみ、一幅としてのまとまりをもつにすぎないといえよう。

技法的な特徴

本岳寺本の画風の特徴はつぎのとおりである。全体に金泥が多く用いられているのが目につく。とくに衣文《えもん》の細部はほとんど金泥で描かれている。この衣文の描法をはじめとして、全体にわたって、細部はかなり工芸的な緻密さをもって描かれている。こうした金泥の多用と工芸的な緻密さが本図の絵画技法の特徴であり、それは、たとえば絢爛《けんらん》な宮殿建築の組み物、花鳥、七宝の表現などに顕著である。反面、そこに同居する単調さも否めない。たとえば、樹葉の表現は一面的で、奥行きや陰影に乏しい。絵画的というより、むしろ文様の単調さに終わっている。描線は謹直で、明晰ではあるが、逆にやわらかさに欠けていて、表情が乏しい。工芸的で緻密な描写は、整いすぎた画面構成とともに、本図の全体的な印象を硬くて平板なものにしている。彩色は、金泥や朱、緑青《ろくしょう》などの鮮麗な色感が目を引く。なかでも、瑞雲をはじめとして、画中の所々に見られる赤紫色の色彩は、日本の仏画に見られないもので、中国の明・清時代の仏画や李氏朝鮮時代の仏画にしばしば見られるものである。李氏朝鮮時代の他の仏画との比較によれば、本図におけるこうした絵画技法や表現の特徴は、十六世紀半ばからやや後半にかけてのものである。この時期、明宗（一五四六〜六七）の生母である文定王后が仏教を篤く信仰したことによって、儒教重視の大勢のなかにあって、仏教が一時的に華やいでいる。嘉靖《かせい》四十一年（一五六二）の銘をもつ広島・光明寺の地蔵十王図などにみられるとおり、李氏朝鮮時代の仏画の画風に急に大きな変化が表れるのもこの時期である。光明寺の絵画と技法的に通ずる特徴をもつ本図もまた、李氏朝鮮時代の仏画が微妙に変調した時期の所産であると推定される。

伝来と受容

最後に、本図の伝来と日本における受容のされ方についてみておきたい。

本図の伝来については詳細はわからない。本図を所蔵する本岳寺は、福岡市東区蓮池にあり、現在は京都の本法寺の末寺である。『筑前国続風土記拾遺』第一巻之五に本岳寺に関する記述がみえ、そのなかで本図についても言及されている。唐筆の釈迦誕生会画一軸が有り、什宝《じゅうほう》とするという。本図が中国画とみなされていたことがわかる。『石城志《せきじょうし》』巻五によれば、もとは博多の聖福寺《しょうふくじ》にあったという。紙背の修理墨書銘によって、元禄十六年（一七〇三）以降、本岳寺に伝承されていることが知られる。

さて、日本において、高麗時代や李氏朝鮮時代の仏画がどのように受け入れられたかは明らかではない。『筑前国続風土記拾遺』第一巻之五の記述に見られるとおり、おそらく中国画として受容されたと考えられる。さらにまた、朝鮮の仏画が日本の仏画に及ぼした影響という点についても詳細は不明であるが、本岳寺の釈迦誕生図はその問いに対するひとつの示唆を与える。秋山光和氏が、寛文十年（一六七〇）に宇治平等院鳳凰堂の上品上生扉絵を修補した画家である絵所左近貞綱の事績を調査されたおりに、滋賀県の小松寺に、「繪所左近貞綱」の落款、「繪所」の白文の円印をもつ、紙本木版の下地に手彩色を施した釈迦誕生図が所蔵されていることを発見され、研究の結果、本岳寺の釈迦誕生図が原図である可能性が強いことを明らかにされた。縦八三・八センチ、横七四・三センチと、本岳寺本に比べるとやや小さいが、基本的な構図や登場人物の姿態などをほぼ忠実に写し、さらに本岳寺本の金泥の銘文を、白地の色紙形をもうけて写しとっている。木版画であることから、複数作成されたと考えられ、現に秋山氏はさらに一点、同じ木版画の釈迦誕生図を発見された。こちらには、「繪所左近筆」の落款、「繪所」の白文円印がある。朝鮮の仏画が日本に将来されたにとどまらず、それを原図として木版画を作成し、法具として広く受け入れたこの事例は、日本における朝鮮仏画の受容を考えるうえでたいへん興味深い。

シルクロードの仏伝図

西域北道

シルクロードと呼ばれる古代の交易の道のうち、西域北道は、現在の中国新疆ウイグル自治区のタクリマカン砂漠の北縁にあるオアシス都市をつないだルートである。西端はカシュガル、そこから東方に向かってアクス、クチャ、カラシャール、トゥルファンなどの街を経由し、甘粛省の敦煌へと通ずる。

クチャ近辺には、いくつかの石窟寺院址が残っている。キジル石窟、クムトラ石窟、シムシム石窟、クズル・ガハ石窟などが代表的なものであるが、なかでもキジル石窟は、約二三〇窟を擁し、この地域では最大の石窟である。今世紀初めにこの石窟を考古学的に調査したグリュンヴェーデルやル・コックなどのドイツ隊の見解によれば、キジル石窟はだいたい五〇〇年前後から七五〇年ごろまでに造営されたと考えられ、図像的にはインドやイランなど西方の美術と関連があるものの、この地域独自の様式で作られた絵画や塑像、木彫像などによって石窟内は装飾されている。このクチャ地域には、唐時代に漢民族が進出してきたが、このキジル石窟には唐時代の様式で描かれた大乗教的な主題の絵画は一点も見つかっていない。よりクチャの都城に近いクムトラ石窟に、多くの中国様式の絵画が見出されるのとは対照的である。クチャから約六〇〜七〇㌔も離れたキジル石窟の地は、クチャに新しく入ってきた漢民族にとっては、新たに石窟を造営するには遠隔すぎると思われたのであろうか、また石窟造営にふさわしい懸崖《けんがい》は、すでにクチャの民族によって掘り尽くされていたのであろうか。

西域北道絵画の様式

西域北道、とりわけクチャ地方の美術の様式分類はこれまでどのように考えられてきたのであろうか。絵画に関しては、いくつかの様式分類が提唱された。まず一九〇九年にグリュンヴェーデルが提唱した様式分類がある。これは、ル・コックが『中央アジアの古代仏教後期』第三巻（一九二四年）に再録し、若干の注釈を加えてはいるものの、大筋で賛同している。第一様式はガンダーラ様式、第二様式は長剣を帯びた騎士の様式、第三様式は古突厥《ことつけつ》様式、第四様式は新突厥様式、第五様式はラマ教様式である。グリュンヴェーデルは、その後『中国トルキスタンの古代仏教祠堂』（一九一二年）では三様式を考え、第一様式をガンダーラ美術と密接に関連を有する様式、第二様式を第一様式から展開した様式、第三様式を民族、宗教の異なる、漢字の銘記を有する様式と規定した。その後、ヴァルトシュミットが『中央アジアの古代仏教後期』第七巻（一九三三年）で提唱した説はグリュンヴェーデルの後者の説をふまえたもので、今日ではベルリンの国立インド美術館もその見解を踏襲している。それは三様式を考える。第一様式は第一期インド・イラン様式と呼ばれるもので、ガンダーラ美術の影響を濃く受けた様式で、人物の肉体表現も誇張があまり見られず自然に表され、彩色も穏やかな暖色系の色が使われている。年代は五〇〇年ごろである。第二様式は第二期インド・イラン様式と呼ばれ、第一様式がこの地域で独自に展開し、成立したものと考えられている。顔や肉身はやや観念的、類型的に表現され、とりわけ顔は目鼻が中央にひきよせられた、独特な形に表される。また、ラピスラズリの青色を主体に、全体に寒色系の色を多用し、強い隈取《くまど》りをほどこすなど、彩色法にこの地域独特なものが見られる。年代は六〇〇年から六五〇年ころである。第三様式は中国仏教様式と呼ばれ、名前のとおり中国的な様式で、クチャ地方ではクムトラ石窟にこれらが見られる。年代は八〜九世紀と考えられている。

このドイツ隊の見解は、壁画の様式的な特徴に、主題、表現形式、石窟の形態などを加味して、考えられたものであり、年代は伴出した文書の書体の年代を参照したとはいえ、やはり相対的なものといわざるをえない。これに対して、近年、中国側から新たな形式分類と年代観が提出されている。しかし、中国側の見解も、石窟の形式的な区分とその年代であり、とくに年代については、壁土に混ぜられた植物などのスサを標本として、放射性炭素の年代測定法を利用して測定したものである。この時代のものに放射性炭素年代測定法が有効かどうかという問題もあるが、何よりも様式分類を主体とするドイツ隊の見解とはまったく土俵が違っており、単純に比較することはできない。年代の問題は未解決の大きな問題である。

しかし、グリュンヴェーデルやヴァルトシュミットが提唱した様式分類は、西域北道の美術を考えるうえで、基本的に有効であるとわたしは考える。ガンダーラ美術やイラン美術などから影響を受けた様式、それが地域的に独自に展開した様式、中国の大乗仏教美術の影響を受けた中国的様式、そしてウイグル民族が造営にかかわったウイグル的様式という四つの様式を想定する考え方は、おおむね西域北道の美術の様式的な特徴とその展開を言い当てているといえよう。

豊富な仏教説話

中国の大乗仏教の影響を受けなかったキジル石窟の各壁面は、基本的には小乗仏教的な主題の絵画によって装飾されている。それら小乗仏教的画題のうち代表的なものは、仏伝図《ぶつでんず》と本生図《ほんじょうず》である。仏伝図とは、仏陀釈尊の伝記を図に表したものである。伝記といっても、それが歴史的な事実である必要はない。釈尊自身は、釈迦族の父シュッドーダナ（浄飯）、母マーヤー（摩耶）の子として生まれ、八十歳にしてクシナガラで亡くなった歴史的な存在であったが、経典に説かれる仏陀釈尊の伝記は、歴史的な事実というよりは、むしろ仏陀の行いとしてふさわしいと認定され、説話的に脚色された事跡である。本生図とは、釈尊の前世における物語を表現したものである。釈尊は前世においてもさまざまな善き行い、献身的行為をしたがゆえに、釈尊としての今生で悟りを得ることができたのだという考えに基づいている。本来は仏教とはなんら関係のない説話であっても、そこに説かれた主人公の善き行い、献身的な行為が釈尊の前世における行いとしてふさわしければ、それを釈尊の賞賛のために使おうとしている。

釈尊の前世の物語である本生図の主人公は、時には人であり、時には動物である。主人公が人である場合には、その人物は、頭光《ずこう》や着衣《ちゃくい》などによって、その階層や身分が描き分けられることはあっても、基本的には生身の人間の姿によって表現されている。仏伝図の主人公である釈尊は、成道《じょうどう》以前は頭光を備えた太子（王子）の姿、成道以降は、天蓋《てんがい》、肉髻《にっけい》、白毫《びゃくごう》、衲衣《のうえ》、頭光、身光《しんこう》、印相《いんぞう》などを備えた仏陀の姿に描かれる。成道以降の釈尊は、常人を越えた存在である仏陀の標幟《ひょうじ》として、上記のようなさまざまな特徴を身に備えるのであるが、やはり歴史的な存在である人のイメージは拭い切れない。法や宇宙を象徴する超人的な仏陀のイメージはまだ認め難い。

クチャ近辺は、釈尊に対する追慕の念の強かったところである。この地域の多くで小乗仏教の一学派である説一切有部《せついっさいうぶ》が学ばれ、石窟造営にかかわった人たちは歴史的な存在であった釈尊のみを仏陀として認め、釈尊を追慕し、釈尊が行ったのと同じ修行を自らに課して、釈尊と同じように悟りを得たいと願った。それゆえに、仏伝図、本生図が他所よりも豊富に描かれた。とりわけ涅槃《ねはん》関係の図像は豊富である。釈尊の庇護者である阿闍世王《あじゃせおう》に釈尊の涅槃を伝えようとする場面を表した阿闍世王故事図、ナイランジャー河の岸辺の沙羅双樹《さらそうじゅ》のもとで死に向かう釈尊を描いた涅槃図《ねはんず》、釈尊の遺骸を燃やす場面の荼毘図《だびず》、釈尊の遺灰《いはい》を婆羅門ドルナの仲裁によって八等分する分舎利図、釈尊の死後、比丘たちが記憶を寄せ合って経典を編集する第一結集図《けつじゅうず》など、いくつもの場面に分けて表されたが、それらは基本的には歴史的な存在であった釈尊のみを仏陀として受け入れる小乗教の範疇で解釈することができるものである。このようにキジル石窟壁画の画題における小乗仏教の優位は疑いえないところである。

第一期と第二期の仏伝図・本生図

しかし仏伝図や本生図などの仏教説話が好まれたとはいっても、先に述べた第一様式と第二様式とではその様子が異なっている。仏伝図の場合、釈尊の誕生から涅槃に至るまでの仏伝の種々の場面をその時間的な経過にしたがって配列して描いたものは、第一様式および第二様式への過渡期においてのみ見られる。第一様式の壁画をもつキジル石窟第七六窟（孔雀窟）はクッペル（穹窿《きゅうりゅう》）天井を頂くほぼ正方形の主窟をもち、その左側壁に上下三列、計一三面にわたって、誕生から納棺に至るまでの仏伝図が描かれている。ものがたりは上列の左はしに始まり、それぞれの列とも左から右へと話が展開している。また中央列の両はしにある場面が隣の壁にまたがって描かれていることから、現在は非常に傷んでいる奥壁、前壁にも仏伝図が展開していた可能性が強い〈付1〉（図5）。

過渡期の壁画をもつキジル石窟第一一〇窟（階梯窟）はヴォールト（蒲鉾形）天井をもつやや奥深い方形の石窟であるが、その左側壁、奥壁、右側壁のそれぞれに上下三列の仏伝図が描かれている。ドイツ隊の調査時に、すでに破損のために上の二列、計三八面しか保持されていなかったが、それら仏伝図は左側壁の上列左はしに始まり、時間の経過にしたがって、時計まわりに順次配列されていた。托胎霊夢《たくたいれいむ》（寝台に横たわったマーヤー夫人が、白象に乗った小さな太子が兜率天から降りてきて、自分の右腋からはいる夢を見て、懐胎《かいたい》する場面）から初転法輪《しょてんぼうりん》（鹿野苑《ろくやおん》におけるはじめての説法）に至る場面が残されているが、おそらく現在傷んでいる下列に残りの涅槃に至るまでの場面が描かれていたのであろう〈付2〉（図6）。これからわかるように、第一様式の時期には、仏伝のあらゆる場面が時間の経過にしたがって取り扱われていた。

では、第二期ではどうなったか。まず降魔成道《ごうまじょうどう》（悟りを得る場面）以前の画題がほとんど見られなくなった。修行時代の若い釈尊の姿がほとんどないのである。この時期の仏伝関係の主な画題は、悟りを得る場面である降魔成道、はじめての説法である初転法輪、ウルヴィルヴァを拠点にして大きな教団を形成していた三迦葉《さんかしょう》が釈尊に帰依する場面、六人の外道（仏教以外の宗教の僧）の教化、釈尊が神通力くらべをする舎衛城神変《しゃえじょうじんぺん》、亡くなった母マーヤーのために三十三天に上って説法をする三十三天降下などの説法に関わるものと多くの涅槃関係の図像である。つぎに、これら仏伝にかかわる場面が単発的に取り上げられ、第一期のように時間経過にしたがって配列されることがなくなった。例外は涅槃関

〈付1〉

グリュンヴェーデルの『中国トルキスタンの古代仏教祠堂』および『アルト・クチャ』の記述によれば、キジル石窟第七六窟（孔雀窟）の左側壁の仏伝図の図像とその配列はつぎのようになっている。

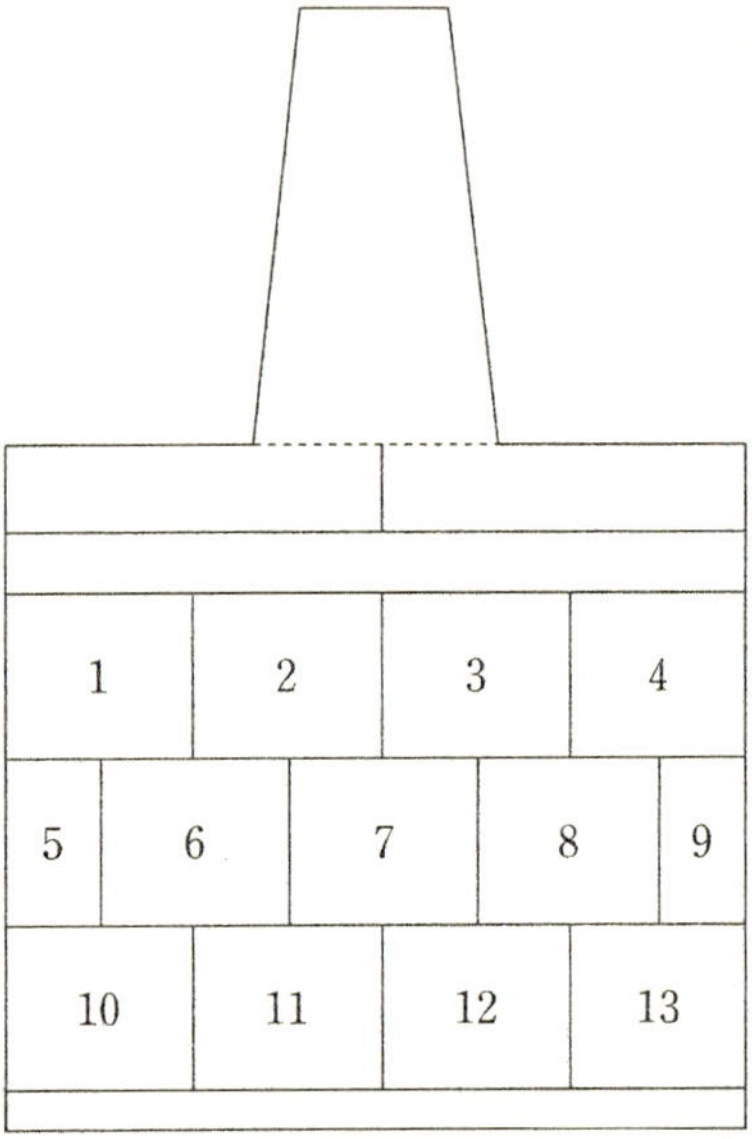

キジル石窟第76窟（孔雀窟）左側壁〈『アルト・クチャ』Fig. 13による〉

1、誕生。ルンビニー園におけるマーヤー夫人と裸の釈尊をあらわす。釈尊の足もとに五つの足跡がある。2、出遊。老人、病人、死人に会う。3、苦行。マーラ（悪魔）の娘による誘惑をあらわす。4、降魔。中央に触地印（降魔印）の釈迦をえがき、その周囲にマーラの軍勢をえがく。5、半面のみ保持された説法の場面。6、三人の騎士の前での説法。7、六人の僧の前での説法。8、帝釈窟での説法。

9、迦葉の帰仏。釈尊の前に水が湧きたつ。迦葉そのものは隣接する後壁ののこり半面にえがかれる。

10、涅槃。11、悲嘆する男女をえがく。12、まさに棺が閉められんとする場面。13、破損。

図５　誕生・出遊（キジル石窟第76窟）

〈付2〉

グリュンヴェーデルの『中国トルキスタンの古代仏教祠堂』、ル・コックの『中央アジアの古代仏教後期』第七巻の記述によれば、キジル石窟第一一〇窟（階梯窟）の仏伝図の図像およびその配列はつぎのとおりである。

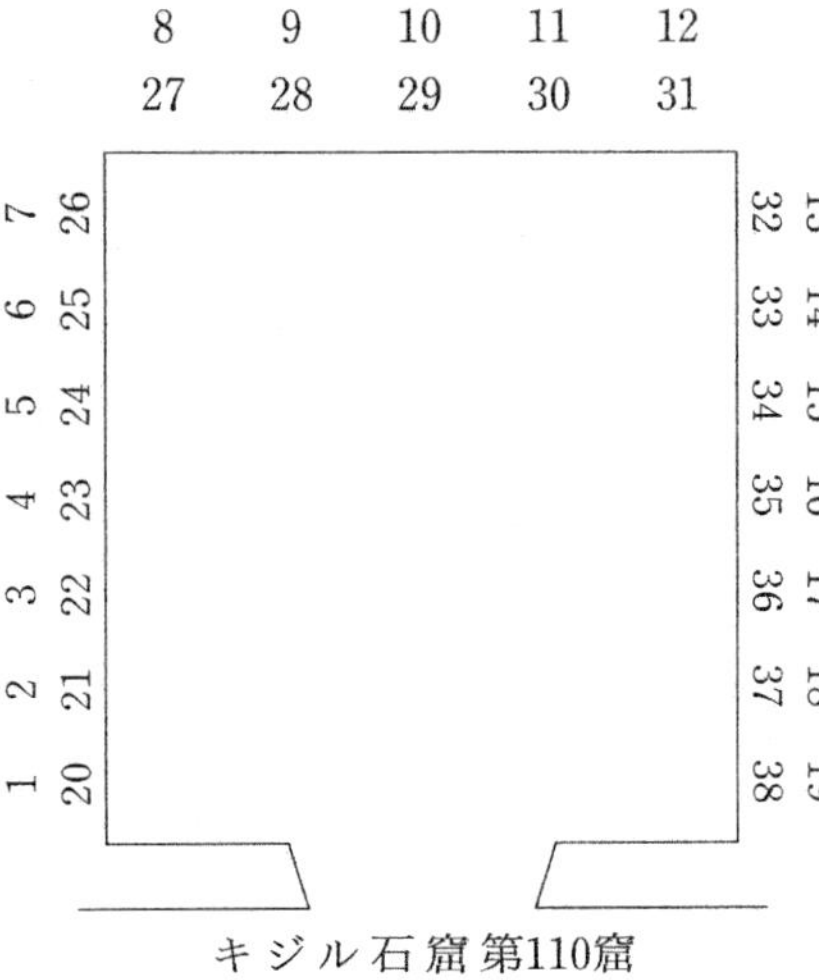

キジル石窟第110窟（階梯窟）〈『中央アジアの古代仏教後期』第7巻, Fig. 4 による〉

1、托胎霊夢。2、占夢。3、誕生。4、竜王灌水、七歩。5、従園還城。6 7、破損。8 9、剃落。10、閨房における釈尊。11、二場面。未比定。一場面は釈尊のまえにひざまずく女性、他の一場面は傘をもった人物にみちびかれる釈尊をあらわす。12、象の放擲。13、相撲。14、弓技。15、剣技。16、釈尊は円光を有する女性の前にたつ。両者とも侍者をしたがえる。釈尊の婚姻の場面か。17、二場面。未否定。一つは、傘をもつ人物をしたがえた釈尊が河に近づく場面、他の一つは、河をわたりおえた釈尊が両手で樹につかまる場面をあらわす。18、出遊。老人、病人に会う。19、出遊、死者（僧形）、僧に会う。20、樹下観耕。釈尊のまえで男が牛を追う。21、帰城。22、国王尋問。23、出家決意。眠る妻に別れをつげる。24、喩城。25 26、壊損。27―29、剃落。30、尼連禅河での沐浴。31、スジャーターより乳糜を受ける。32、竜王讃称および草刈人の布施。33、金剛座の設置。34、降魔成道。35、二商人の供養および四天王奉鉢。36、梵天勧請および優波伽梵志との遭遇か。37、初転法輪。38、未比定。家の前で若者が釈尊を内に誘う。家中には女性が横たわり、その傍に男性がすわる。

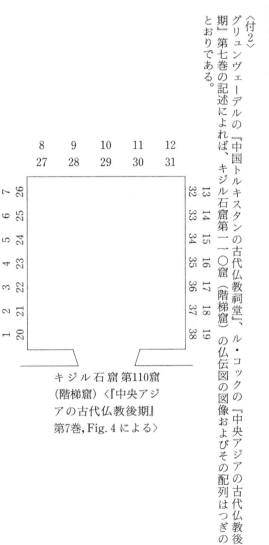

図6　托胎霊夢・占夢（キジル石窟第110窟）

〈付3〉

たとえばキジル石窟第二〇五窟（第二区マーヤー窟）では、中心柱をめぐる右繞のための回廊の周壁に、涅槃に関連する一連の図像が配されている。その配置はつぎのとおりである。

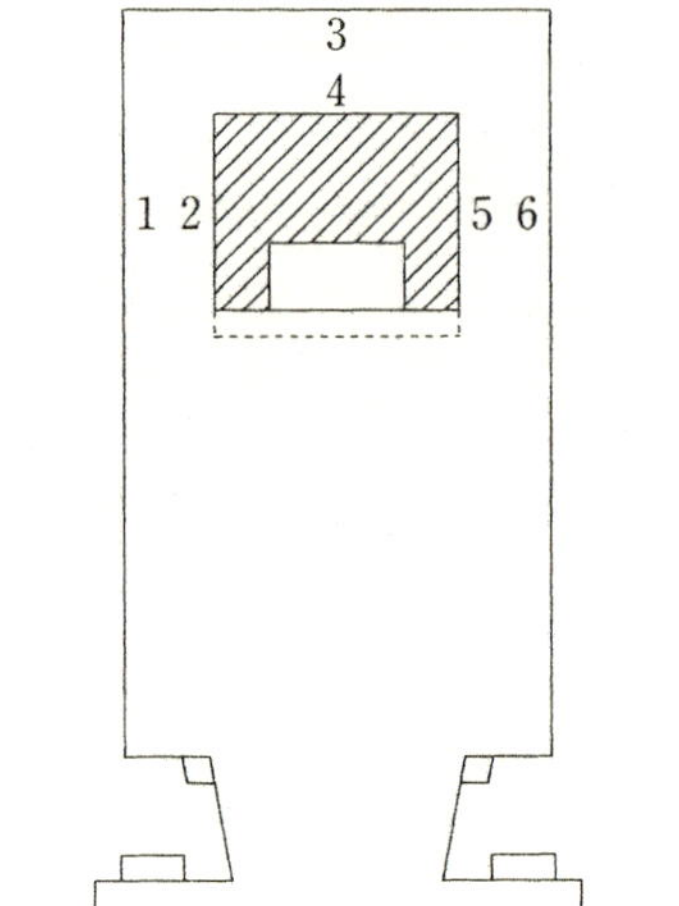

キジル石窟第205窟
(第二区マーヤー窟)
〈『中国トルキスタンの古代仏教祠堂』Fig. 369a による〉

1、破損（第二二四窟、第三区マーヤー窟では説法の場面）　2、阿闍世王故事　3、涅槃　4、荼毘
5、分舎利　6、結集

阿闍世王故事の図像は、必ずしも涅槃に先立つものであるとはいいがたいが、その場面はつづく涅槃の場面を予感させる。したがって、これらの図像は、右繞の進行方向に即して、涅槃から結集にいたる一連の出来事がほぼ時間の経過にしたがって了解されるように配置されているといえる。第二二四窟（第三区マーヤー窟）においても、同じ配置がなされている。

図７　分舎利（キジル石窟第224窟）

係の図像で、中心柱窟の主室奥の回廊部分に、音楽好きの王を釈尊が楽神に変身して教化する場面である善愛乾闥婆《けんだつば》王《おう》帰仏、般涅槃《はつねはん》、荼毘、舎利八分、釈尊の死を知って気絶した阿闍世王を薬湯に入れて蘇生させる場面である阿闍世王霊夢沐浴、第一次結集などが詳細に表される〈付3〉（図7）。第一期から第二期への変化は、様式が変化したにとどまらず、画家ひいては石窟造営にかかわった人々の画題への関心が釈尊の事跡そのものから釈尊の説いた法、釈尊の死という具合に、変化しているのである。

　本生図の場合にも、同様の変化が見られる。本生図は、先に述べた通り王や王子、修行者、猿や象、鳩などのさまざまな生き物を主人公として、釈尊の前世における善行、犠牲的行為を描いたも

マイトラカニャカ本縁図〈下〉（ともにキジル石窟第212窟）

のである。第一期では、キジル石窟第二一二窟（航海者窟）のマイトラカニャカ本縁図、シュローナコルティカルナ本縁図に見られるとおり、複数の場面を絵巻物風に配列して、物語の展開を追う形式であった（図8）。第二期になると、画題が判明するものだけでも六〇を超える本生図が繰り返し描かれているが、表現形式は第一期とはまったく異なる。すなわち、主室のヴォールト天井の湾曲面に幾重にも重なる菱形の区画をつくり、その一々の区画のなかに一説話を一場面だけで表すことが多くなる。場面は、説話のクライマックスともいうべき主人公の犠牲的行為そのものである。説話図でありながら、その物語的展開を絵に表そうとしていない。むしろ、犠牲的行為に象徴される六度（六波羅蜜）の賞揚こそが主眼である。

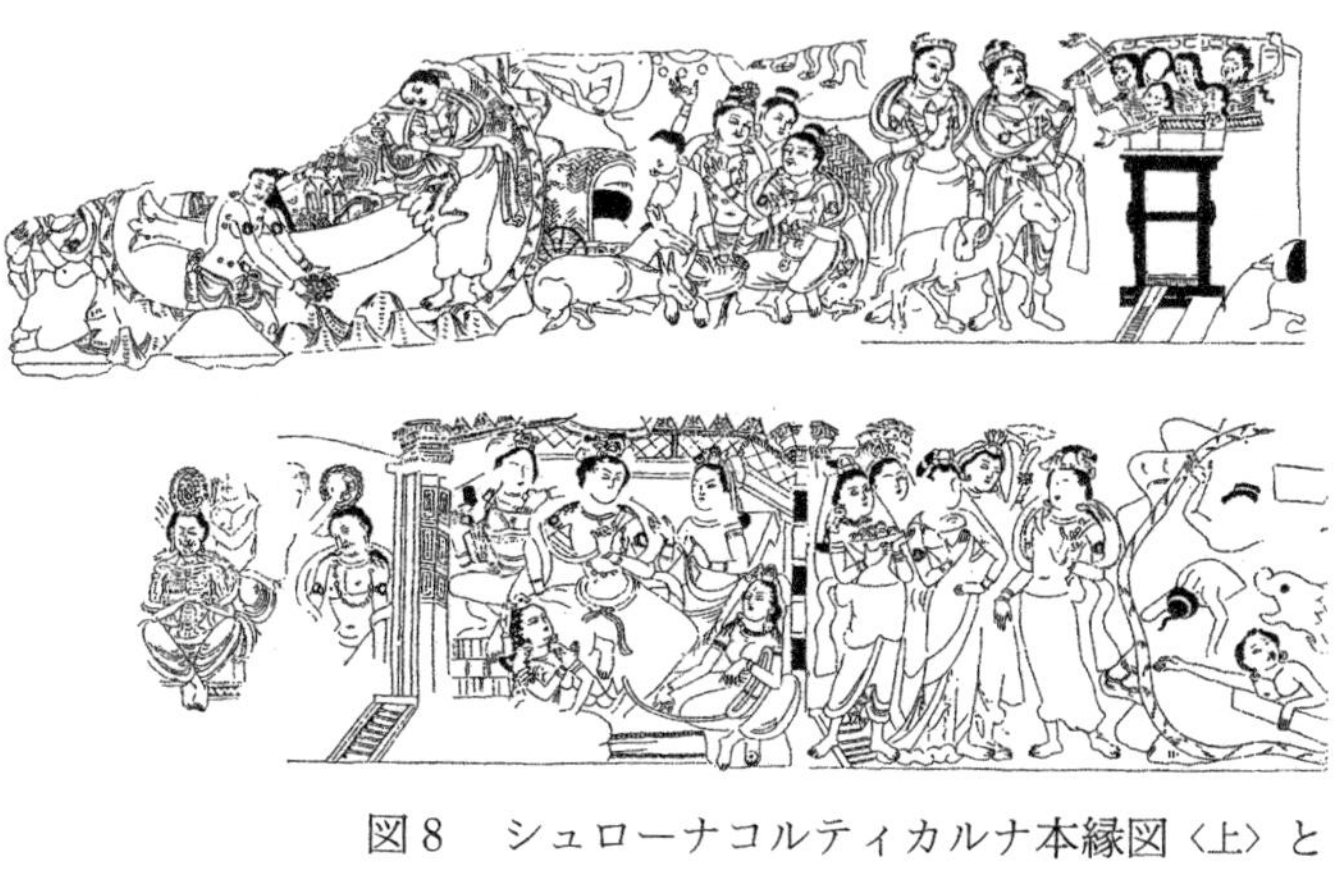

図8　シュローナコルティカルナ本縁図〈上〉と

ここでも、釈尊の前世の事跡への関心が、行為によって象徴される教えや法への関心に変わっていることが確認される。

弥勒菩薩に託する救済の願い

西域北道に多く見られる石窟寺院の主室の奥には、右繞《うにょう》（聖なるもののまわりを右回りに巡って供養する行）のための回廊が穿たれている場合が多い。この回廊部分に、釈尊の死、涅槃に関連する説話が多く描かれていることは先に述べた。石窟の参拝者は、右繞のための回廊で、釈尊の死にかかわるさまざまな場面に立合うことになり、歴史的な存在であった釈尊がもうこの世にいないこと、そして釈尊によって自分が救済されなかったことを思い知らされる。しかし、この地域の人々は、釈尊によって説かれた法は不滅であり、いずれ弥勒菩薩によって救済されるであろうと考えていた。

弥勒菩薩による救済を示す図像は、キジル石窟の主室前壁（戸口壁）上方の半月形の区画に描かれた弥勒菩薩兜率天説法図《とそつてんせっぽうず》である。将来仏陀となることが約束されている弥勒菩薩は目下、兜率天に住しているが、釈尊の入滅後五十六億七千万年後に、仏陀としてこの世に降下し、釈尊の救いに洩れた衆生を救済するといわれる。図は弥勒菩薩が聖衆に囲まれ、思案している姿を表す。参拝者は、回廊を出て、出口の方に目を向けたときに、弥勒

図 9　弥勒菩薩説法図（キジル石窟第224窟）

菩薩の姿を見ることになる。釈尊は涅槃にはいったけれども、釈尊の得た法や智は不滅であり、いずれは弥勒菩薩に救われると考えたときに、この地域の人々はようやく安心を得ることができたのであろう（図9）。

しかし弥勒菩薩に救済されることを願うだけで安心を得られたであろうか。弥勒菩薩の救済に至るまでの間、釈尊が説いた法が不滅であるという実感が必要であった。キジル石窟には、釈尊の法が不滅であることを暗示する図像として、盧舎那仏図《るしゃなぶつず》が残されている。

キジル石窟壁画の盧舎那仏

キジル石窟壁画に盧舎那仏が描かれた例は、目下のところ二例が確認されている。

①壁画盧舎那仏像　第一三窟　主室左側壁　一五六・五×八六・〇チセン　七〇〇年ごろ　ベルリン国立インド美術館蔵（ＭＩＫ　Ⅲ　八八六八）（図10）

第一三窟は、第八窟（ドイツ名、十六帯剣者窟）の東側五番目にある中心柱窟である。中心柱窟というのは、主室正壁の左右から右繞のための回廊が掘りこまれ、その回廊によって掘り残された壁体があたかも方形の柱状をなすために、この名がついている。本図は、この中心柱窟の主室左側壁のほとんど回廊寄りのところにあったとル・コックは報告しているが、晁華山《ちょうかさん》は左廊に入ったところのすぐの外側壁に描かれていたという。後で述べる

図10　盧舎那仏（キジル石窟第13窟）

②との図像的な近似性を考えるならば、おそらく晁華山の指摘の方が正しいであろう。仏は頭をやや右に傾け、腰を中心に体をくの字に折って、やや右を向いている。仏は、青い腰布を身につけ、他はほとんど裸のようにも見えるが、腰から脛にかけて着衣の輪郭線が認められ、さらに首に付けた胸飾の下に着衣の縁と思われる線が認められることから、おそらくは非常に薄い衣を通肩、すなわち両肩をおおうように着けているらしい。右手は軽く持ち上げ、掌を前に向け、左手は垂らし、同じく掌を前に向けている。頭光《ずこう》と挙身光《きょしんこう》を負って、青い楕円形の輪の上に裸足で立っている。仏の右脇には偏袒右肩《へんだんうけん》、すなわち右肩をあらわにするように衣をまとった僧形の人物がうずくまり、右手を差し出している。この像を特徴づけるのは、裸身（あるいは衣）に表された諸尊、および光背に描かれた坐仏である。まず、仏の胸部には三段に分けて諸尊が配置されている。上段には坐仏五体がいる。中段には頭光を持った四人の人物がいるが、中央の一人物のみ高座に坐り、その左脇の二人と右脇の一人は、彼の方を向いて跪《ひざまず》いており、彼らの背後には家屋の表現がある。下段には頭光を持った四人の人物がいる。腹前の帯状の表現は、本図ではその意味するところを明らかにしえないが、後述する④のショルチュクの例では、これを須弥山《しゅみせん》と解している。左腕には、上腕部にうずくまる人物と蹲踞《そんきょ》する人物が描かれ、下腕部にも同じよう

な図があるが、図相ははっきりとしない。肘の関節部には円形の文様が表されている。右腕も、上腕部に交脚に坐る人物がいるほかは、左腕とほぼ同じように描かれる。右大腿部にはうずくまる人物、右脛にはやはりうずくまる人物、膝の関節部には大きな円盤状の文様が配される。左脚は、大腿部に描かれた人物が脚を交差させて立っている以外は、右脚とほぼ同様である。また両足の間、衣の裾の部分に痩せた人物が両手を挙げて、逃げまどう様子を描いた図像が認められる。餓鬼図か地獄図と思われる。光背の坐仏は頭光にも挙身光にも描かれている。頭光の外縁には八体の坐仏が描かれ、挙身光部分は三重に坐仏が配されている。それぞれの化仏は揺らめく火焔《かえん》のような光背をもち、互いの光背が接し合う形に密集して配置されており、全体としては、盧舎那仏があたかも冷たい火焔の光背を負っているかのような印象を与える。像の背景は暗青色に塗られ、そこに白い点を繋いだ円文および蕾《つぼみ》を思わせる白い文様が漂っている。

②盧舎那仏像　第一七窟（菩薩天井窟）　右廊外側壁

中心柱窟の右側廊の外側壁のもっとも主室寄りに位置し、現在も現地にある。先に記述した①の第一三窟の図像ときわめて近いが、第一三窟のものが左側廊の外側壁の最も主室寄りにあったのに対し、これはそれとまったく反対の位置に配されている。そのためか、像の向き、体の捻《ひね》り方、左右の腕の位置、向きあう僧形人物の位置がことごとく反対になっている。その他、跪いた僧形の人物が両腕を前に掲げている点、像の背景に連点の円文や蕾状のもの以外に垂飾《たれかざり》のついた輪状の飾りが漂う点などが異なっている。

彫刻に表された盧舎那仏

キジル石窟において、盧舎那仏が壁画に描かれた例は、現状では以上の二件が確認されるにすぎないが、この図像と関連する木彫像の断片が知られている。

③木造盧舎那仏像右腕部分　第六〇窟（最大窟）　六・五×二・一チセン　六〜七世紀　ベルリン国立インド美術館蔵（ＭＩＫ　Ⅲ　八一三三）（図11）

第六〇窟はヴォールト天井を頂くかなり大きな長方形（奥行一二・二五メートル、幅七・七〇メートル、高さ約七メートル）の石窟で、ここからいろいろな木彫像が採集されている。本断片もそのひとつで、盧舎那仏像の右肩から肘にかけての部分である。肩の部分には円形の区画の中に日《にっ》天《てん》（スーリヤ）像が表されているが、その姿はキジル石窟でもよく見られる馬車に跨《また》がる姿であり、右腕を掲げ、左腕を垂らしている。馬車の右側には馬の姿も見られる。連珠によって囲まれた円形区画は、まさに日天の光背を形造っており、放射状に広がる線によって日の輝く様が表されている。上腕部の外側および内側には、放射光状の挙身光を持った崇拝者の姿が表されている。外側の人物は、ターバンを巻き、上半身は裸で、腰にドーティを着け、蓮台の上に立っている。内側の人物は破損のため詳細を明らかにできないが、彼の右に動物がいて、彼と向きあっている。この二人の人物の間に三角形や円形の文様が浮彫りされている。非常に小さな断片であるが、壁画の盧舎那仏と共通の意識によって造形された木彫像として注目される。

図11　木造盧舎那仏像右腕部分（キジル石窟第60窟出土）

キジル石窟における盧舎那仏の造形と図像的にきわめて近いものとして、ショルチュクの作例も挙げておこう。

ショルチュク石窟壁画の盧舎那仏

④壁画盧舎那仏像　ショルチュク　ドイツ編号第九窟（街窟、竜王窟）　主室右側壁　高さ約一メートル（図12）

中心柱窟であるショルチュク第九窟の主室右側壁にあった図で、グリュンヴェーデルによる線画が伝えられている。左を向いた盧舎那仏の立像で、頭部は破損のため明らかではないが、右腕をもちあげ、掌を前に向け、左腕は垂らしている。腰布のみ身につけ、他は裸のようであるが、両手首には腕釧《わんせん》をつけている。胸部には線画では二段に分けて諸尊が配されているが、あるいはもう一段上にあったのかもしれない。上の段には三体の仏、下の段にも同じく三体の仏がそれぞれ宮殿の柱の間に描かれている。両腕には三個ないし四個の楕円形の区画が設けられ、諸尊が配される。両脚の大腿部、および脛にも楕円形の区画が設けられ、同様に諸尊の坐像や立像が配置され、膝には人面を伴った、あたかも法輪のような円形文様がある。挙身光は三重に区画され、そのもっとも内側の区画に水波が描かれ、その中に、竜の光背を負った小児、水鳥、蓮華等が表される。蓮池の表現であろうか。

図12　盧舎那仏（ショルチュク石窟、ドイツ編号第9窟）

以上、キジル石窟およびその近辺における盧舎那仏の作例をみてきた。これらの図像が、盧舎那仏を表したものであるということは、松本栄一の図像学的な研究によってすでに明らかにされている。かつて『華厳経《けごんきょう》』の隆盛したホータンの地域からも板絵の盧舎那仏像が多く発見されており、これに描かれた仏も、全身に、仏像、日月、梵篋《ぼんきょう》、金剛杵《こんごうしょ》、宝珠《ほうじゅ》、三角形、圏円等、種々の世界を象徴するシンボルを表している。キジル石窟やショルチュク石窟の盧舎那仏は、これらに加えて、六道《ろくどう》を含む諸法界が描かれている。すなわち、胸前の坐仏および楼閣は天宮を、腹前の図相は須弥山を、腕や脚の諸尊は一切の衆生を、衣の裾の裸形の痩せた人物は餓鬼道または地獄道を表したものであろう。これはまさに旧訳《くやく》である六十巻本の『華厳経』において確立した盧舎那仏の図像である。

小乗仏教の図像が圧倒的なキジル石窟において、この盧舎那仏は明らかに大乗仏教の図像である。小乗仏教の画題と大乗仏教の画題が混在するというのは、一面ではキジル石窟壁画の多様性を示すものとも考えられるが、しかし小乗仏教の画題が豊富な寺院空間に、このように大乗仏的な画題が忽然《こつぜん》と現れるのは、あまりにも唐突ではなかろうか。キジル石窟を取り巻く小乗仏教的仏教世界において、この盧舎那仏を取り入れる素地があったのか。つぎにその点を考えてみよう。

火焔光背と光背の化仏

石窟壁画の画題として、盧舎那仏を取り上げるということは、歴史的な存在としての釈尊のみならず、宇宙の理法としての存在である抽象的な仏を認めることである。キジル石窟において、盧舎那仏が画題として取り上げられた背景には、釈尊観の変化があったに違いない。すなわち、釈尊を生身の仏としてばかりでなく、法身《ほっしん》（宇宙の理法そのもので、仏陀の本体と考えられる存在）の仏としてもみるようになったということであろう。

先に述べたキジル石窟の盧舎那仏のうち、第六〇窟の木彫像の場合はその配置や役割は明らかではないが、壁画の盧舎那仏は、ショルチュク石窟の場合を含めて、中心柱窟の回廊部分の涅槃関係の図像と密接に結びついている。キジル石窟第一七窟の場合、左右側廊には、盧舎那仏以外には、それぞれ二段に重なった舎利容器が描かれ、後廊の奥壁には涅《ね》槃《はん》図《ず》が描かれている。第一三窟の場合、側廊に舎利容器図が描かれ、かつては後廊部に分舎利図があったことがわかる。ショルチュク第九窟の場合、左右の側廊には、トゥルファンでよく見かける請願図（供養者が仏と結縁し、自身が仏になると誓いをたてることを題材とした図）とよく似た形の仏陀の立像が描かれ、後廊の奥壁には涅槃図、中心柱壁には分舎利図が描かれている。このように盧舎那仏像は、涅槃関係の図像と組になって表現されているのである。

加えて第一七窟の涅槃図を見ると、横たわった釈尊の大きな挙身光の内圏の部分に火焔が立ちのぼっていることが知られる。荼毘図《だびず》において火焔を表現するのは珍しくないが、キジル石窟のすべての涅槃図に火焔が描かれているわけではない。この他には、第四七窟および第六七窟の涅槃図にこれが見られるだけである。これは、荼毘を連想させる火焔ではない。火焔を発する光背を描くことによって、釈尊の超越性を示し、ひいては釈尊の法身仏としての性格をも暗示しようとしたのであろう。第四七窟の涅槃図の場合には、この火焔の表現に加えて、頭光や身光に化仏《けぶつ》が表現されており、さらに化仏と化仏の間には火焔を放つ摩尼宝珠《まにほうじゅ》も描かれている。『涅槃経』の中に化仏に言及したものがないので、化仏を登場させるのは画家の工夫であろうかとも考えられるが、むしろこれも釈尊の法身仏としての性格を暗示する図像のひとつであるかもしれない。化仏については、キジル石窟には作例のない金棺出現図、すなわち釈尊が涅槃ののちに金棺から出現して、マーヤーに説法をする説話を載せる『摩訶摩耶経』には言及が見られる。一度涅槃に入った釈尊が再び出現するという説話は、とりもなおさず釈尊に法身性を認めているのであり、その場面を飾るにふさわしいシンボルとして、光明の中に現れる化仏を採用したのであろう。キジル石窟の涅槃図に化仏を登場させるのも、釈尊に法身仏としての性格を認めようとする意識がそうさせたのではなかろうか。

キジル石窟には、もう一点、頭光や身光に化仏が表された作例がある。第一二三窟（花輪をくわえた鳩窟）の前壁の入口の左右、左右の側壁、右側廊の外側壁にそれぞれ描かれた立仏である。このうち、左の側壁に描かれた立仏は、多くの眷属《けんぞく》に囲まれており、舎衛《しゃえ》城《じょう》の神変《じんぺん》を表すという解釈もあるが、定かではない。右側廊の外側壁の立仏は、中心柱窟の回廊部分に描かれた数体の立仏のひとつである。この窟では涅槃関連の図像は見られない。第一二三窟の場合、盧舎那仏像、涅槃像以外の仏が化仏を伴った光背をもつこと、さらに一窟の中にそのような立仏が併せて五体も描かれることが注目される。ここでもやはり釈尊の超越性を協調するために、化仏が採用されているように感じられる。

以上、キジル石窟では、火焔光背、光背に現れた化仏が、釈尊の法身性を表す象徴として利用された可能性について述べた。

釈尊が涅槃に入り、確かに釈尊の肉体は滅んだかもしれないが、釈尊が得た法と智は不滅で、永遠に失われないと考えられたときに、釈尊は法身としての存在を得て、六十巻本の『華厳経』によれば、釈尊の成道によって出現し、釈尊と同格であり、異名の存在であると考える盧舎那仏と容易《たやす》く結びついたのではなかったか。クチャ地方では、華厳の教学は行われなかったといわれるが、同じ中国領中央アジアのホータンでは、華厳教学が盛んに学ばれており、その教えの一端は、キジル石窟にも伝わっていたであろう。しかし、キジル石窟では、盧舎那仏は華厳の教主として積極的に壁画に取り上げられなかった。むしろ、盧舎那仏は涅槃関連の図像と関連するものとして採用された。このようにキジル石窟では、盧舎那仏は法身仏としての釈尊と同格の域にとどまったまま、新たな展開をみることもなく、やがてキジルでの石窟造営そのものが止《や》んだのである。

浄土のイメージ

法隆寺金堂壁画

被災と現状

奈良、法隆寺の金堂壁画は、昭和二十四年（一九四九）年一月二十六日早朝、火災により、二〇面の供養飛天図《くようひてんず》を除いて、焼損してしまった。当時、金堂の解体修理が行われており、供養飛天図は、建築の部材と一緒に取り外されていたので、幸にも焼損を免れた。焼損したその他の金堂壁画は、一九五一年に柱から取り外され、アクリル樹脂によって固められ、一九五四年から五五年にかけて、柱や梁と一緒に大宝蔵《だいほうぞう》殿《でん》の北側にある収蔵庫に運ばれて、もとの金堂の形通りに組み上げられた。現在は、国の重要文化財に指定され、大事に保管されている。火災のために、オリジナルの壁画は色を失ってしまったが、法隆寺の解体修理の始まった翌年、一九三五年に便利堂が撮った原色写真が残されており、研究に役立っている。今日、復元された金堂には、復元模写がはめこまれている。

壁画の図像

さて、金堂の主堂の正面および背面は柱間が五間あり、側面は四間ある。正面である南壁には戸口が三つあり、他の壁には戸口が各一つずつある。これらの戸口を除いた、残り一二の柱間の内側に壁画が描かれていた。うち四面は縦三・一メートル、横二・七メートルの大壁、八面は縦三・一メートル、横一・六メートルの小壁である。大壁は、東壁と西壁の戸口の南側に各一面、北壁の戸口の両脇に二面ある（図13）。

これら外陣の壁画は、便宜的に東壁の大壁を第一号とし、以下時計回りに番号が付されている。したがって、西の大壁が第六号、北の二面の大壁が第九号、第一〇号となる。一般的には、大壁の各壁画の主題はつぎのように考えられている。東壁の第一号壁は南方釈迦浄土図である（図14）。中央に釈迦如来がおり、左右に二体の菩薩、一〇人の弟子が侍っている。如来の頭上に天蓋があり、その脇に散華《さんげ》する飛天がいる。如来の前には、供物を載せる台があり、その脇に獅子が二頭うずくまっている。西壁第六号壁は西方阿弥陀浄土図である（図15）。中央に阿弥陀如来、左右に観音菩薩と勢至菩薩がいる。向かって右の菩薩が、宝冠の正面に阿弥陀の化仏をつけているから、観音菩薩であると判断できる。

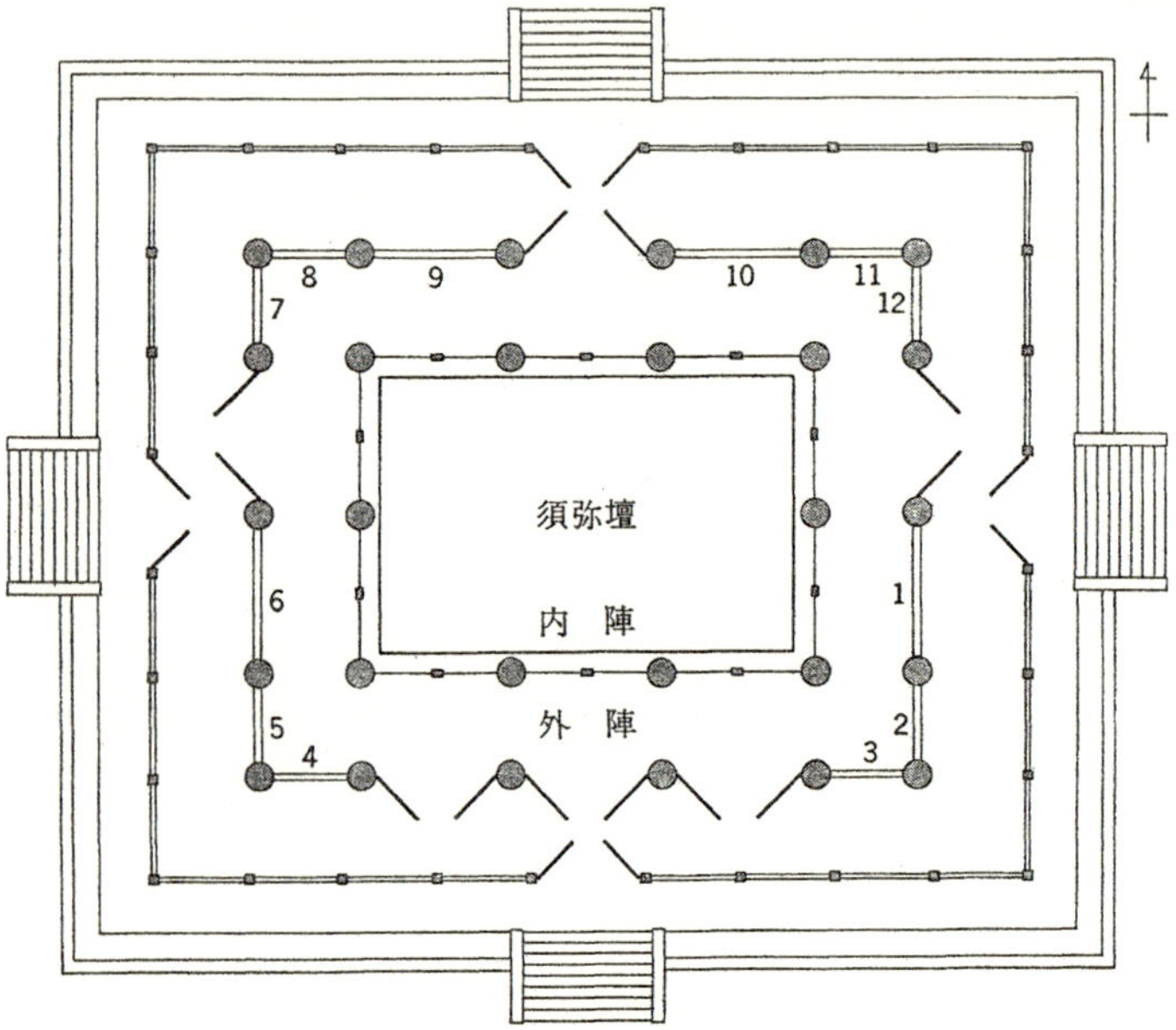

図13　法隆寺金堂壁画配置図
（『奈良の寺　8　法隆寺　金堂壁画』にもとづく）

図14　釈迦浄土（法隆寺金堂壁画１号壁）

図15　阿弥陀浄土（法隆寺金堂壁画 6 号壁）

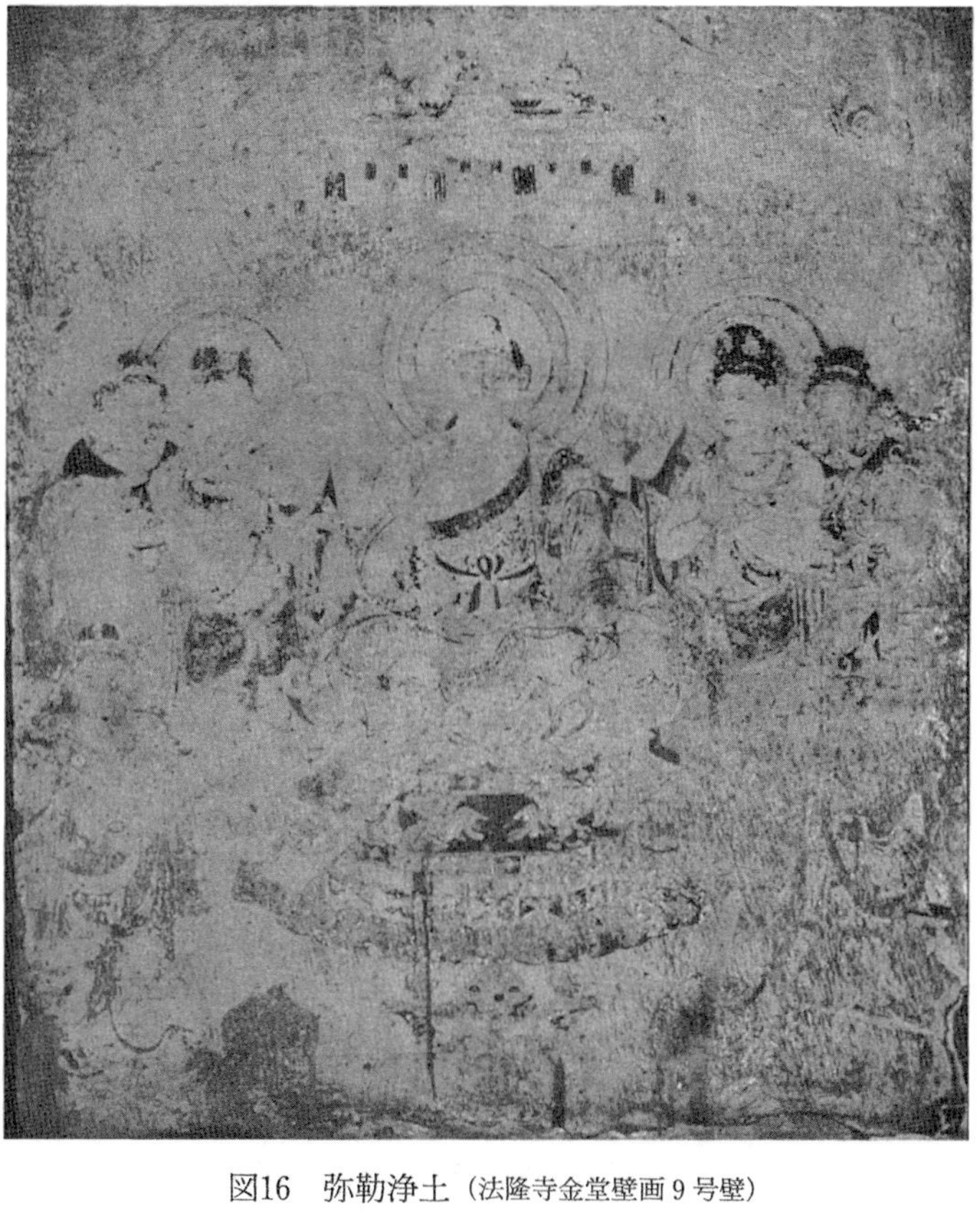

図16　弥勒浄土（法隆寺金堂壁画 9 号壁）

図17　薬師浄土（法隆寺金堂壁画10号壁）

天蓋の脇や台座の前に、供養する眷属《けんぞく》や蓮華の蕾《つぼみ》のなかに新しく生まれた童子などが描かれている。北方第九号壁は北方弥勒《みろく》浄土図である（図16）。中央に弥勒仏、左右に二体の菩薩、二人の僧侶、六体の神将がいる。そのうち、四体は八部衆（仏法を守護する八体の鬼や竜などの異類）の一部、二体は四天王の一部を表していると考えられている。前方には、二体の金剛力士がおり、供養台の脇に獅子がうずくまっている。北方第一〇号壁は東方薬師浄土図である（図17）。中央の薬師如来は、倚像《いぞう》（両脚を垂下させて椅子に坐る姿の像）である。左手に宝珠を持っている。左右に四体の菩薩、二人の僧侶、四体の神将がいる。四体の神将は十二神将の一部と考えられている。前方の両脇に金剛力士がおり、供養台の脇に獅子がうずくまっている。

これは、塔の心柱の四周に四仏が配置されたのと同様に、四方に四つの浄土が配置されているという考え方である。金堂の南壁には大壁がなく、北壁には二面の大壁があるので、実際の東西南北には対応していない。しかし、堂内の須弥壇《しゅみだん》の中央を中心として、北方向の軸を西に約四五度傾け、仮に北西方向を北と考えれば、第九号壁が北、第一〇号壁が東、第一号壁が南、第六号壁が西となり、北方に弥勒、東方に薬師、南方に釈迦、西方に阿弥陀を配するという四方四仏《しほうしぶつ》の考え方が守られていることがわかる。

小壁は各壁の両端にあって、それぞれ単独の菩薩像が描かれていた。主題および図相が、堂の南北を結ぶ中心線によって、東西で対になるように配置されていたことがわかる。まず、第二号壁の半跏思惟菩薩像《はんかしいぼさつぞう》は、第五号壁の半跏思惟菩薩像と対になる。両者は、あたかも同一の型紙を反転させたかのように見える。薬師如来の脇侍《きょうじ》である日光菩薩と月光菩薩であるとする説、ともに弥勒菩薩であるとする説などがあるが、確定することができない。第三号壁の観音菩薩像は第四号壁の大勢至菩薩像と組になる。これらも、同一の型紙を反転させたかのようである。観音菩薩には、宝冠に阿弥陀の標幟《ひょうじ》があり、大勢至菩薩には同じく水瓶《すいびょう》の標幟があるので、それぞれを像主を確定することが可能である。第七号壁の聖観音菩薩像と第一二号壁の十一面観音菩薩像の場合、先の二例のように、同一の型紙を反転して使用したという関係は見出せない。むしろ第七号壁の聖《しょう》観音菩薩像は、第四号壁の大勢至菩薩と同じ型紙を使ったかのように見える。向かい合う壁を聖観音像（変化しない本来の姿の観音）とその変化観音（変化した姿の観音）でまとめたと考えられる。第八号壁の文殊菩薩像は第一一号壁の普賢《ふげん》菩薩像と向きあっている。文殊菩薩と普賢菩薩は、ともに釈迦の眷属であり、その意味では、しばしば対になって表現されるが、その場合、文殊は獅子に乗る姿に、普賢は象に乗る姿に表される。第一一号壁の普賢菩薩はまさにこの姿であるが、第八号壁の文殊菩薩は、維摩《ゆいま》と問答する時の姿に代わっている。すなわち、台座に文殊菩薩が結跏趺坐《けっかふざ》し、頭上に天蓋が表される。同じ表現は、敦煌莫高窟《とんこうばっこうくつ》では初唐の二二〇窟から見られる。三三五窟にも同様の表現があるが、こちらはより広々とした空間の中に描かれている。第八号壁の文殊菩薩は、二二〇窟の表現に近いといえよう。本来対となる図像ではないものを組み合わせたのは、当時利用できる型紙がたまたまこれらしかなかったためであろうか。

このほか、外陣の上方の欄間にあたる小壁一八面には山中羅漢図が描かれていた。また内陣上方の小壁二〇面には供養飛天図が描かれていた。

図像の解釈

明治以来、金堂壁画については、さまざま論じられてきた。今日、まだ定説をみない問題は、壁画の主題、とくに四つの大壁の主題についてである。先に紹介した一般的に認められている説は、内藤藤一郎氏が提出したものであるが、これに先立って、源豊宗氏も同じ結論を出し、その後、亀田孜氏、春山武松氏、佐和隆研氏、柳沢孝氏等によって支持されている。内藤藤一郎氏以前にも、嘉承元年（一一〇六）に書かれた『七大寺日記《しちだいじにっき》』の記述以来、種々の四方四仏の説が提出されていたが、それらは壁画そのものに何が描かれているかを丹念に分析した結果であるとは言い難いようである。

内藤氏以後の各研究者は、各壁面に何が描かれているかを分析し、その表現の類例を東アジアの作品に求めた。亀田孜氏は、便利堂による写真撮影に立ちあい、第一〇号壁の主尊の左手に宝珠を確認し、第一〇号壁が薬師浄土である可能性を補強した。小林剛氏は、一〇人の比丘は薬師の浄土に現れるとし、第一号壁を薬師浄土、第九号壁を釈迦浄土、第一〇号壁を弥勒浄土と考えたが、これは、結果的には大村西崖氏、望月信成氏の意見と同じになった。小林太市郎氏は、第一〇号壁の倚像（両脚を垂下させて椅子に坐る姿の像）を弥勒仏と考えた結果、第一号壁を薬師浄土、第九号壁を釈迦浄土とした。第一〇号壁の倚像を弥勒仏と考えるのは、水野清一氏も同じである。しかし水野氏は、第九号壁の六体の神将像を十二神将の一部とみて、第九号壁を薬師浄土、第一号壁を釈迦浄土と考えた。

以上のように、四つの大壁の画の主題に関する解釈はさまざまである。しかし、四方に四種類の仏を配置しているという考え方は共通している。とくに、脇侍に観音菩薩が表され、さらに浄土に新しく生まれてきた菩薩なども描かれている第六号壁を阿弥陀の浄土とみることは、皆同じである。また、若干の異論はあるとはいえ、一〇人の比丘、すなわち釈迦の一〇人の弟子が描かれている第一号壁を釈迦浄土と考えることも、ほぼ一致しているといえよう。問題は、第九号壁と第一〇号壁を何とみるかである。一般的には、第九号壁を弥勒の浄土、第一〇号壁を薬師の浄土とみる見解が優勢なのは先に述べた。

最近は、この四方に四仏を配するという考え方にとらわれない説すら提出されている。松原智美氏は、第一〇号壁の主尊を、小野玄妙氏も説くように、左手に宝珠を持つからといって、必ずしも薬師如来とみなすことはできないとし、中国の作例に照して、弥勒菩薩と考えた。小林太市郎氏、水野清一氏の見解を踏襲している。また第九号壁には、八部衆（仏法を守護する八体の鬼や竜などの異類）が描かれていることから、釈迦の浄土であると考えた。したがって、第一号壁と第九号壁がともに釈迦浄土となった。松原氏は四方四仏の考え方は成り立たないとし、四仏の配置の仕方にことさら意味を求めようとしなかった。

また、大壁の主題は、浄土図ではなく、仏の説法図であるとする説も出されている。肥田路美氏は、第六号壁をはじめとして、いくつかの壁画中に山岳の景観が認められることに着目し、経典のなかの浄土に関する記述、敦煌莫高窟壁画に描かれた山岳の意味などを分析して、山岳の景観を伴う場面は、浄土の表現ではなく、此岸《しがん》（生死を繰り返すこちらの世界）を表していると考えた。

法隆寺金堂の壁画、とくに大壁の主題を解釈するための資料は、ほとんど出尽くした感がある。図像の分析をふまえて、どう解釈するかが今後の問題となる。筆者は、一般的に認知されている説に組する。

まず第一に、阿弥陀の浄土がまさに西に配置されていることを重視する。この点で、四仏の配置になんらかの配慮がはたらいていたと認めないわけにはいかない。第六号壁が阿弥陀の浄土であることは、観音菩薩が描かれ、化生する菩薩が登場することから、問題はないと考える。阿弥陀浄土図については、この時期にすでに型が成立していたとみてよいであろう。第六号壁の阿弥陀浄土図を構成する要素を、中国の作例のなかに求めると、まず敦煌莫高窟の初唐時代の五七窟があげられる。五七窟には、一七尊で構成された古風な形式の阿弥陀説法図がある。ここでは、金堂の第六号壁と同様に、観音菩薩に阿弥陀如来の標幟があり、勢至菩薩に標幟がない。天蓋の周りに樹木の葉が描かれているので、樹下説法図の形式の浄土図といえよう。また、初唐時代の三三二窟の阿弥陀三尊五十菩薩像は、『集神州三宝感通録《じゅうしんしゅうさんぽうかんつうろく》』を典拠とする別種の表現であるが、仏、菩薩と天蓋の間に山水表現がみられる点が、第六号壁の表現と共通する。

つぎに、第六号壁をのぞく他の三つの浄土図が、それぞれ一三体の尊像で構成されている点に、ある種の配慮を感じる。第一号壁には主尊と二体の菩薩と一〇人の比丘、第九号壁には主尊と二体の菩薩、二人の僧侶、六体の神将、二体の金剛力士、第一〇号壁には主尊と四体の菩薩、二人の僧侶、四体の神将、二体の金剛力士が描かれている。登場人物の数のみならず、天蓋の周りの飛天、台座の前の供養台、その脇の獅子なども共通する。第一〇号壁の主尊の姿勢こそ異なるが、全体としては、均質な印象を与えるように工夫されている。基本的にはやや古風な、仏説法図の形式の浄土図である。

仏説法図の形式をもって浄土の表現とするのは、敦煌莫高窟の壁画の例をはじめとして東アジアに広く見られる。

仏説法図の形式の浄土図は、キジル石窟やクムトラ石窟など中央アジアの壁画では見られない。そこでは、仏説法図は、歴史的存在としての釈尊の説法の場面を表現しているからである。釈迦三尊像、釈迦三尊十大弟子といった定形化がみられ、樹下の説法図をもって、浄土図を意味するようになるのは、敦煌莫高窟壁画では、隋代以降である。隋代の四二〇窟、二九八窟の仏説法図は、樹下説法の形式で、明らかに十大弟子が表されている。天蓋の周りの飛天の表現も、隋代の四二〇窟、二九八窟などから見られ始める。金堂壁画の第九号壁、第一〇号壁に登場する金剛力士は、初唐の五七窟の阿弥陀説法図や三三二窟の釈迦説法図に現れる。先に浄土の表現に山岳の景観が現れるのはおかしいという指摘があることを紹介したが、これもさしつかえないのではないだろうか。たとえば、三三二窟の釈迦説法図には、諸尊と天蓋の間に、山岳の景観がみられる。『法華経』の如来寿量品第一六によれば、如来は不滅であり、如来が住する霊鷲山《りょうじゅせん》は如来の国土であり、安穏で、天人が満ち溢れ、壊れないという。したがって、霊鷲山の景観を伴った釈迦説法図は、そのままで釈迦の浄土を表すと考えられる。また金堂壁画第一号壁、第九号壁、第一〇号壁にみられる供養台と二頭の獅子も初唐の五七窟に現れる。第九号壁では、如来の台座を侏《しゅ》儒《じゅ》が支えているが、この侏儒が台座を支える例は敦煌莫高窟では、隋代の四〇五窟にみられる。敦煌では、初唐時代に、二二〇窟、三二九窟などで、華麗な楼閣を備えた浄土の様子を表現しているが、金堂壁画の浄土図はまだそこまで展開しておらず、隋代の要素も残しつつ、初唐のやや古風な形式の浄土図を反映しているといえる。

とくに金堂壁画の第一号壁、第九号壁、第一〇号壁の浄土図の表現と近いのは、敦煌莫高窟の五七窟の阿弥陀説法図である。登場人物は金堂壁画よりやや多めであるが、天蓋の周りに飛天を表す点、両脇に金剛力士像を表す点、台座の前に供養台と二頭の獅子を表す点等は、金堂壁画とよく似ている。逆に言えば、阿弥陀浄土図も第一号壁等の形式で表現することがあったことが知られる。そして、登場人物の一部に特徴を持たせることによって、誰の浄土図であるかを表そうとしたと考えられる。特徴を持った登場人物とは、第一号壁では一〇人の比丘、第九号壁では八部衆の一部とみられる四体の神将、第一〇号壁では十二神将の一部とみられる四体の神将である。

当然、主尊に図像的な特徴が明らかな場合は、それを優先させて、誰の浄土かを決めるべきであろう。しかし金堂壁画の場合、主尊の図像からだけで、誰の浄土と決めることができるであろうか。第一〇号壁の場合、主尊が倚坐像であることから、弥勒である可能性が指摘されている。しかし、東京国立博物館所蔵の法隆寺献納宝物の一四四号の三尊像の主尊は、脇侍から判断して、明らかに阿弥陀像であるが、やはり倚坐の像である。倚坐だからといって、弥勒と断定することはできない。また、浄土図に八部衆を伴う如来は、松原智美氏が指摘するとおり、釈迦か弥勒であるが、この尊が結跏趺坐するからといって、釈迦と決めつけてよいものであろうか。

型の利用

このように主尊に図像的な特徴が乏しく、全体としては、どの浄土図からも均質な印象を受けるのは、なぜであろうか。それは、型紙を利用し、同一の図像を転写したり、反転して利用したためであろうと考えられる。法隆寺金堂壁画の技法はきわめて丹念なもので、まず堅牢な壁下地の上に、壁土を三回塗り重ね、さらにその上に白土を塗って仕上げている。この壁面に下絵の図様を転写するに際しては、筋彫《すじぼり》の方法、あるいは念紙を用いる方法が取られた。原寸大の下絵を壁面にあて、鋭い刃物や篦《へら》などで図様をなぞって写しとったと思われる。このときにできたと思われる凹みが壁面のいたるところにみられる。この筋彫、念紙の技法によって写された線に従って、淡墨または淡赤色の下描き線が引かれ、その上に彩色が施され、さらに隈取《くまど》りやハイライトが加えられ、最後に入念な描き起こし線が引かれた。

第六号壁の阿弥陀浄土図を除いて、他の三つの浄土図が基本的にはよく似た構図を持っていること、また主尊を挟んで相対する菩薩像や、比丘像、神将像がほとんど相似形であることから明らかなように、この金堂の壁画の制作に際しては、いくつかの下絵（型紙）が、転写されたり、反転して使用されたりして、繰り返し用いられている。各尊像は個別化は、標幟の違いや、色の塗り分けによってなされている。外陣の小壁に描かれたもろもろの菩薩像の場合にも、図像の転写、反転利用がみとめられたことは、先に述べた。また、内陣小壁の供養飛天図の場合には、念紙あるいは筋彫の技法によって写された線の上に下描き線を引いておらず、直接に賦彩し、描き起こし線で仕上げている。おそらく二〇面とも同じ下絵を使用したと考えられる。

このように図像が重複するということは、当時利用することができる図像が少なかったという事情を反映していると思われる。画家は数少ない粉本《ふんぽん》（型紙）によって、さまざまな図像を生み出そうとしたが、その結果は、やはり画面の均質化につながったようである。

以上をまとめてみよう。金堂壁画は、第六号壁の阿弥陀浄土図をまさに西に配置した点から見て、壁画の配列には方位を意識していたと考えられる。また乏しい図像をさまざまに活用して、それぞれ一三の尊像から構成される三つの浄土図を生み出した。第一号壁を特徴づけるのは、一〇人の比丘であり、南の釈迦浄土であると考えられる。第九窟を特徴づけるのは、八部衆であり、釈迦の浄土か、あるいは弥勒の浄土と考えられるが、この方位は北にあたるため、弥勒が相応しいと考えられる。第一〇号壁を特徴づけるのは、十二神将である。したがって、西方の薬師浄土図と考えられる。また、山岳の景観を伴っているからといって、浄土図でないと考える必要はない。霊鷲山が釈迦の浄土であるように、如来の住む所が浄土なのである。法隆寺金堂壁画は、初唐時代の浄土図、とりわけ樹下説法図の形式の浄土図と図像的には親しいと考えられる。それは、浄土図のみならず、小壁の文殊菩薩、内陣小壁の飛天の場合にもあてはまる。したがって、法隆寺金堂壁画の制作の年代は、敦煌と金堂壁画の時間的なずれを考慮にいれても、七世紀の末ころを想定してさしつかえないと思われる。

此岸から彼岸へ渡る

光明寺の二河白道図

京都の光明寺に蔵される二河白道図《にがびゃくどう》は異色の絵画である（図18）。画面の中央に幅の広い河があるが、その河の向かって左は火焔がはげしくうずまく火の河、その反対側は波立つ青い水の河となっており、その中間に細い白道が描かれている。河の手前は娑婆《しゃば》、すなわち現実の世界である。画面下辺の左右に二軒の家屋が描かれているが、向かって左の家屋の内では、狩衣《かりぎぬ》を着た二人の男が、一人は笙《しょう》、一人は琵琶《びわ》を奏し、童子が横笛を吹き、女性が琴を弾いていることから、公卿の屋敷と考えられる。相対する右の家屋の内では、直垂《ひたたれ》を着た二人の男、衣袴《えこ》を着た二人の女、盆を運ぶ垂髪の童女などが描かれており、武家の屋敷と思われる。両家屋の間には馬が駆

図18　二河白道図（京都、光明寺）

けている。この部分は、現実の世界で公卿や武家がのどかに歓楽にふけっている様子を表している。その上の部分に目を転ずると、一転して苦しみに満ちた娑婆世界が描かれている。甲冑を着けた一群の武士が逃げる男を追い、一部の武士は逃げる男に向かって弓を射かけようとしている。また逃げる男をさらに虎や獅子、象などの獣が左右から襲いかかっている。水河のほとりでは、夫婦らしき男女と童子が死んだ幼い子を前に悲嘆にくれながら、薪《まき》を積みあげて荼毘《だび》の準備をしている。

中央の白道の前に釈迦如来がいる。火河のほとりの向かって左端にまずぬぎ捨てられた武具があり、中間に僧侶をしたがえ、合掌して前に進む男がおり、釈迦如来の直前には白衣を身につけた男がいる。おそらく、同一の人物が異時同図的に描かれていると考えられる（図19）。この男は、さらに白道の先、浄土の直前でも、白道をひたすら進む小さな人物として再度描かれている。

画面の上部は彼岸《ひがん》、すなわち浄土の世界である。中央に阿弥陀如来、観音菩薩、勢至菩薩の三尊が坐し、その背後に宝楼閣が建ち並び、前には蓮池がある（図20）。蓮池の上には、雲の上の蓮華座に立つ阿弥陀如来がいる。来迎印を結び、白道を渡ってきた男を迎えている。中央の赤と青を対比させた太い河をはさんで、手前に苦楽に満ちた娑婆世界、上

図19　二河白道図（京都、光明寺）

図20　二河白道図（京都、光明寺）

に平穏な浄土世界をほとんど等分の大きさに描いている。きわめて視覚的なあざやかな絵画である。この絵画は二河白道の喩えに拠って作られた絵画である。

二河白道の喩え

二河白道の譬喩《ひゆ》はつぎのように始まる。西に向かって旅する人の前に、南を火の河、北を水の河に挟まれた細い白道が東岸から西岸へと向かっている。火や水がたえずその道におそいかかり、またうしろからは群賊や悪獣が迫っているので、引き返しても、とどまっても、あるいは進んでも、死を免れることはできないであろう。思い切ってこの道を進もうと思ったときに、東岸から「決心してこの道を行きなさい。決して死ぬことはない」と勧める声がし、西岸から「一心正念にまっすぐ来なさい。私があなたを護ろう」と呼ぶ声がする。旅人は、意を決して道を進み、群賊が言葉巧みに呼び返すのもかえりみず、ついに西岸に到って、善友にまみえ、喜びは限りない。

この譬喩は、中国浄土教の大成者である善導《ぜんどう》（六一三〜六八一）が、『観無量寿経《かんむりょうじゅきょう》』の注釈書である『観経疏散善義』巻第四のなかで述べたものである。東岸は娑婆世界（此岸）、西岸は極楽浄土（彼岸）、水の河は貪愛《とんあい》（むさぼりの心）、火の河は瞋憎《しんぞう》（いかりやにくしみ）、東岸の声は釈迦如来の教法、西岸の声は阿弥陀如来の願意、そして白道は貪瞋《とんじん》煩悩《ぼんのう》のなかに清浄なる願往生の心を生ずることをたとえているという。ただ、この譬喩が善導の創意かというと、必ずしもそうとはいえず、河を前にして渡河《とが》を念ずる点は、曇鸞《どんらん》（四七六〜五四二）の『略論安楽浄土義《りゃくろんあんらくじょうどぎ》』や『大般涅槃経《だいはつねはんきょう》』第二十三に同巧の説話が見え、水河と火河を並置する話は、『大智度論《だいちどろん》』巻第三十七に見える。しかし、善導のこの譬喩はより複雑で巧みな構成をもっており、同時にきわめて視覚的ですらある。たとえば、火の赤と水の青に白道を配する点などはたちまち絵になるといっても過言ではない。

作例

この譬喩を絵画化した作例は、中国では見つかっていない。日本では鎌倉時代から盛んに作られており、その代表的なものはつぎのとおりである。

1　京都・光明寺蔵、絹本著色、八九・四×六二・一センチ、鎌倉時代、重要文化財
2　兵庫・香雪美術館蔵、絹本著色、八三・三×六三・〇センチ、鎌倉時代、重要文化財
3　奈良国立博物館蔵、絹本著色、七一・〇×二六・三センチ、鎌倉時代、重要文化財
4　島根・万福寺蔵、絹本著色、一〇三・五×四一・〇センチ、鎌倉時代、重要文化財
5　京都・清凉寺蔵、絹本著色、一四三・四×六六・八センチ、鎌倉時代
6　神奈川・清浄光寺蔵、絹本著色、一一三・〇×五二・五センチ、南北朝時代
7　奈良・薬師寺蔵、絹本著色、七九・二×三八・三センチ、南北朝時代
8　アメリカ・クリーブランド美術館蔵、絹本著色、一一五・九×五〇・六センチ、鎌倉時代

9　アメリカ・シアトル美術館蔵、絹本著色、八一・九×三九・四チセン、南北朝時代遺例をみるかぎりでは、大半が浄土宗系の寺院に伝わったものであり、島根・万福寺本と神奈川・清浄光寺本が時宗寺院に伝わったものである。

ではつぎに、各宗派と二河白道の譬喩およびその絵とのかかわりをみてみよう。

浄土宗における二河白道

浄土宗では、開祖の法然（源空、一一三三〜一二一二）が、その著作『選択本願念仏集《せんちゃくほんがんねんぶつしゅう》』に、二河白道の譬喩を、善導の『観経疏《かんきょうしょ》』の記述ほぼそのままに引用している。また『黒谷上人語灯録《くろだにしょうにんごとうろく》』巻十三の要義問答《ようぎもんどう》にもこの譬喩が引かれており、法然がこれを重視していたことがわかる。では、法然の時代にすでに二河白道図は成立していたのであろうか。明暦（一六五五〜五八）のころに成ったと考えられる『粟生光明寺絵縁起』下に、法然が身近に置いた法具十八物のひとつとして、恵心僧都源信筆の二河白道図が掲げられている。現在光明寺に伝わる二河白道図は、十三世紀ごろのもので、縁起に記載されるものと同一とは考えられない。後世、この譬喩が一般に浸透し、絵に作られるようになってから、法然もこの図を持っていたといわれるようになったのではないだろうか。また、恵心僧都源信を二河白道図の筆者に比定する説は、このほか、『薬師寺誌』や

『本朝画史』にみえるが、現存する薬師寺蔵のものは、もちろん源信の時代より以後のものである。これは、『往生要集』の著者であり、絵や彫刻にも巧みであったとされる源信に、後世の人が仮託したものといわざるをえない。

法然以後も、浄土宗の諸家はこの譬喩に対してもろもろの注釈を加えている。鎮西義の良忠の『観経散善義伝通記《かんきょうさんぜんぎでんつうき》』一、西山義の証空の『観経散善義釈観門義鈔《かんきょうさんぜんぎしゃくかんもんぎしょう》』三などである。多くの注釈が加えられたのは、承元元年（建永二年、一二〇七）、嘉禄三年（一二二七）の法難をはじめとする浄土宗に対する弾圧とも無縁ではあるまい。そもそも法然が『選択本願念仏集』のなかで、別解、別行、異学、異見（浄土宗と異なる認識、修行、研究、見解をもつ人）とは、聖道門《しょうどうもん》の人々であると明言し、聖道門をもって二河の譬喩の群賊に喩《たと》えたことから、建暦《けんりやく》二年（一二一二）に明恵に『摧邪輪《ざいじゃりん》』を書かせたのである。浄土宗の人々は、非難や弾圧を受ければ受けるほど、研究を深め、譬喩を弘布させ、そしてその絵の制作も促進させたのではなかろうか。

浄土真宗における二河白道

浄土真宗の親鸞（一一七三～一二六二）もまた、『教行信証《きょうぎょうしんしょう》』巻三（信巻）において、善導の文章をそっくり引用し、『愚禿鈔《ぐとくしょう》』巻下、『浄土《じょうど》文類聚鈔《もんるいじゅうしょう》』などで注釈を加えている。また『高僧和讃』でも善導大師の二河の譬喩を説き、弘願《ぐがん》の信心（他力の信心）を守護したと言っており、白道を他力の信心とみなしていることが知られる。しかし、現存の作品を見る限り、浄土真宗では、この譬喩は作画されなかったようである。

時宗における二河白道

これに対し、時宗では二河白道は特別な意味をもっている。『一遍聖絵《いっぺんひじりえ》』によれば、文永八年（一二七一）、一遍は善光寺に参詣し、二河の本尊を描き、同年の秋から、伊予の窪寺《くぼでら》において東壁に二河の本尊を懸け、この前で三年間修行を積んで、「十一不二《ふに》の頌《じゅ》」にとかれる信念に達したという。『一遍聖絵』第四段の絵では、大きな絵の前で一遍と聖戒が語り合っているが、絵の図柄まではわからない。二河の本尊とあるところから、通形の二河白道図ではなく、発遣来迎図《はっけんらいごうず》、すなわち釈迦如来と阿弥陀如来の二尊が並立する図ではなかったかとの説がある（今井雅晴『時宗成立史の研究』）。一遍は聖空の弟子である聖達に一時学んでおり、浄土宗の二河白道図についての知見をもっていたであろうが、『一遍上人語録』巻下あるいは『播州法語集』のなかで、白道は南無阿弥陀仏、水火の二河は我等の心、二河におかされぬは名号《みょうごう》と語っており、二河の譬喩については独特の解釈をもっていたようである。神奈川の清浄光寺本は、向かって左岸に阿弥陀立像、右岸に釈迦立像を置き、その間に白道を描くのみで、此岸や彼岸の様子を描かず、此岸には椅子にかける善導大師像を表している。二河の表現もなく、ほとんど発遣来迎図に近い。島根・万福寺本は、二河は描かれるものの、やはり説話的要素の少ない作品である。ところで、清浄光寺にはもう一点の二河白道図がある。銘札によれば、遊行五十二世である一海《いっかい》（一七六六年没）が、宝暦八年（一七五八）に甲州を巡化した折りに「二河の古図」を得、その「二河の古図」を模写させ、さらに一遍の肖像を描き加えさせて、歳末別行の法具に用いたという。「二河の古図」というのは、その図柄から判断して、清浄光寺の持つ先の一本がこれに当たる可能性が強い（有賀祥隆「時宗の絵画」、『庶民芸術の源流』所収）。二河の本尊を重視した一遍自身が自ら二河白道図中に登場するというのは、この図に対する時宗の思いの深さを象徴しているといえよう。

このように、二河白道図は、ひとつの仏教的な譬喩が各宗派でどのように継承され、どのように作画されたかを考える際に、たいへん興味深い作例である。

仏教を守護するものたち

十二神将のかたちと役割

さまざまな姿の十二神将像

十二神将像は、彫刻作品や絵画作品に数多く作られている。多くは、薬師如来像を取り囲んで、その侍者の役目を果たしているかのようである。薬師如来像と組で並べられ、あるいは組で表現されたものとしては、彫刻作品では新薬師寺の塑像、絵画作品では桜池院《おうちいん》のものがその代表的な作品である。また、奈良の興福寺が所蔵する板彫の十二神将像のように、十二神将像のみで伝えられた彫刻作品もあり、また仁和寺本薬師十二神将図のように白描の図像として伝世したものも少なくない。これら数多くの十二神将像をながめると、その姿態や事物の表現はじつに多様である。なぜ、このように種々の姿態の十二神将像が作られたのだろう。十二神将像はこのよ

図22　額儞羅大将像（同右）

図21　迷企羅大将像（新薬師寺塑像十二神将像）

うな形に作るのだという決まりはなかったのだろうか。また、あったとすれば、それはいつごろ整備されたのだろうか。ところで、十二神将像は十二支、すなわち十二の動物を標幟としてもつものが少なくない。しかし、この十二支と尊像名の組み合わせがまた数種類みられる。なぜこのように多種の組み合わせができたのだろうか。

新薬師寺の塑像十二神将像

新薬師寺の本堂の円壇中央に木造の薬師如来坐像が安置され、その周囲の円壇のふちに塑像の十二神将の立像が外向きに並べられている（図21、22）。薬師如来像は八世紀末ころの制作であり、もとはこの寺にあったものではない。また十二神将も、元禄十三年（一七〇〇）の『新薬師寺縁起』に、本像は秦度利の作で、岩淵寺にあったと記されていることから、岩淵寺からこの寺に移されたものであるといわれている。十二神将像十二軀《く》のうち、波夷羅《はいら》大将像は安政元年（一八五四）の地震のおりに破損し失われていたので、昭和六年（一九三一）に細谷而楽氏が補作している。他の一一軀は、おおむね頭体部を通る心木に両足の心木を接ぎ、さらに肩のあたりに横木をつけて、それに両腕用の心木を接いでいる。体部は、骨組の上に折板《へぎいた》を並べ、木舞《こまい》を打ち付けて空洞部をつくり、その上に三層の塑土を盛り上げている。台座は檜《ひのき》材で組んだ四角い框座《かまちざ》の上に心木を乗せ、塑土を盛り上げて州浜座《すはまざ》を形作っている。彩色は白土地に直接施した場合と、白土地に金箔を押し、その上に施した場合とがあり、そのほかに金泥《きんでい》や截金《きりがね》も使用されている。両眼には褐色や紺色、緑色の中空のガラス玉が使われていた。どの像も動きのある堂々とした体軀をもち、容貌もそれぞれ個性的に巧みに造形されている。それぞれの像は鎧《よろい》を着て、框座の上の州浜に立っている。像の多くは髪を焔のように逆立てているが、因達羅《いんだら》像、安底羅《あんてら》像、頞儞羅《あにら》像の三体は兜《かぶと》を被っている。迷企《めき》羅《ら》像の框座裏側の桟二本に、七世の父母、六親族のために神王の御座を造った旨の墨書があり、さらにその一本に天平（七二九～七四九）の年号が記されており、天平年間の制作と考えられている。

ところで、現在新薬師寺が用いている各尊の名称と、明治三十年（一八九七）に国宝に指定されたときの各尊の名称とに食い違いがある。それぞれの像のお寺による呼称、国宝指定時の名称、形態や持物を記すとつぎのようになる。（　）内が国宝指定時の名称である。

宮毘羅《くびら》（招杜羅）　左手は腹前で拳《けん》をつくり、右手に剣を持っている。
伐折羅《ばきら》（迷企羅）　左手を垂下し、掌を開き、右手に剣を持っている。
迷企羅《めきら》（因達羅）　左手を挙げ、右手を腰に当てている。

安底羅《あんてら》（伐折羅）兜着用、両手で払子《ほっす》を持っている。
頞儞羅《あにら》（額儞羅）兜着用、両手で矢を持ってつまよっている。
珊底羅《さんてら》（安底羅）左手を腰に当て、右手に鉾《ほこ》を持っている。
因達羅《いんだら》（波夷羅）兜着用、左手を腰に当て、右手に鉾を持っている。
波夷羅《はいら》（宮毘羅）補作、両手で弓矢を持っている。
摩虎羅《まごら》（摩虎羅）左手を腰に当て、右手に斧《おの》を持っている。
真達羅《しんだら》（真達羅）左手に宝棒、右手に宝珠を持っている。
招杜羅《しょうとら》（珊底羅）左手に剣を持ち、右手の掌を開き、腰に当てている。
毘羯羅《びから》（毘羯羅）左手を腰に当て、右手に三鈷杵《さんこしょ》を持っている。

なぜ、お寺の伝承と指定の名称との間に齟齬《そご》が生じたのか。その大きな理由は、これらの像には、その尊名を決めるための決定的な標幟が欠けているからである。また、それらの姿態と、経典が説く各像の形態が一致しないからである。経典の中に十二神将像の形態に関する記述がみられるようになるのは、この像の制作より遅れる。新薬師寺の十二神将像の場合、実際の像の制作の方が、儀軌《ぎき》の整備より先行していたと考えられる。

和歌山・桜池院蔵の絹本著色薬師十二神将像

現在は額装に仕立てられ、その寸法は縦一六六・一センチ、横一二〇・九センチであるが、上部二四センチ、左右各一・八センチ、下部二一・六センチは補絹である。中央に薬師如来と日光菩薩、月光菩薩の三尊を表し、その左右に六体ずつの神将像を配している。中央の三尊は均質な強い線で描かれているのに対して、十二神将像は肥瘦《ひそう》のあるやわらかな線で描かれている。彩色は朱、朱墨、黄土などの暖色系の色を多用し、全体に明るい色調にまとめられている。また隈取《くまど》りを用い、各像に立体感を与えている。鎌倉時代、十二世紀後半の制作である（図23）。

本図の十二神将像の場合、画中に尊名を記した名札が付されているわけではないが、各尊の頭頂に表された十二支の標幟および各尊の姿態から、各尊の名称を推定することが可能である。画面向かって右側には、手前から奥に子神、丑神、寅神、巳神、辰神、卯神、左側には、同じく手前から奥に午神、未神、申神、亥神、戌神、酉神がいる（図24）。本図の十二神将の形態、持物、標幟は、『覚禅鈔』に引く「世流布像《よにるふのぞう》」や定智本とよばれる旧益田家本の図像と一致している。それらにもとづいて各神に名をつけるとつぎのようになる。また本図に描かれた各神の形態、持物等はつぎのとおりである。

子神、宮毘羅大将、右手に羂索を持ち、左手を前に突きだしている。「世流布像」の背

図23　薬師十二神将像（桜池院）

図24　薬師十二神将像（桜池院）

面像となっている。


丑神、伐折羅大将、左手に弓を持ち、矢をつがえて、右脇に構えている。

寅神、迷企羅大将、右手に鉞《まさかり》をもち、左手を額にかざしている。

巳神、珊底羅大将、左手に鉾を執って地に立て、右手を腰に当てている。

辰神、頞儞羅大将、腰に大刀を帯び、左手で鞘《さや》、右手で柄を握っている。

卯神、安底羅大将、左手を屈して独鈷杵《とっこしょ》を執り、右手を垂下して、第一、二、五指を伸ばしている。

午神、因達羅大将、右手を垂下して独鈷杵を執り、左手を腰に当てている。

未神、波夷羅大将、両手で棒鉾を構えている。「世流布像」の反転像である。

申神、摩虎羅大将、金剛合掌している。「世流布像」の反転像である。

亥神、毘羯羅大将、右腋に弓を挟み、左手で矢をつまよっている。

戌神、招杜羅大将、左手を垂下し、右手を挙げて三叉の棒を執っている。

酉神、真達羅大将、右手に太刀を執って腰に当て、左手を垂下している。


絵の巧拙、図像の反転等の工夫はあっても、十二神将像の姿態については、『覚禅鈔』に引く「世流布像」や旧益田家本の薬師十二神将図像に示された儀軌に従っていることが明らかである。桜池院の十二神将像の場合は、ある程度儀軌の整備がなされた以降の制作なのである。

十二神将を説く経典

十二神将は、十二薬叉神将、十二神王、十二夜叉《やしゃ》大将ともよばれる。薬師如来を説く経典を読む者や信じる者を護る一二人の夜叉善神であり、また薬師如来の一二の大願を守護する神でもあると考えられている。

薬師如来を説く経典には、つぎの五つの漢訳経典が知られている。

『灌頂経《かんじょうきょう》』十二巻、東晋　帛尸梨蜜多羅《はくしりみつたら》訳（大正蔵、二一・四九五〜）

『灌頂経』（『薬師瑠璃光経《やくしるりこうきょう》』）一巻、劉宋　慧簡《えかん》訳（梁　僧祐『出三蔵記集』巻五に載せる）

『薬師如来本願経』一巻、隋　達摩笈多訳、大業十一年（六一五）（大正蔵、一四・四〇一〜）

『薬師瑠璃光如来本願功徳経』一巻、唐　玄奘訳、永徽元年（六五〇）（大正蔵、一四・四〇四〜）

『薬師瑠璃光七仏本願功徳経』一巻、唐　義浄訳、神竜三年（七〇七）（大正蔵、一四・四〇九〜）

このうち、帛尸梨蜜多羅訳と慧簡訳を同じものとみて、四訳とすることもある。これらの経典に、十二神将に関する記述もみられる。玄奘訳の『薬師瑠璃光如来本願功徳経』(『薬師本願経』と略す)によれば、釈尊がバイシャーリ(毘舎離)国の楽音樹下で薬師如来の本願功徳について説いたときに、会座《えざ》におのおの七千の夜叉を眷属《けんぞく》としてひきつれた十二薬叉大将がいたが、彼らは釈尊の話に大いに心を動かし、今後『薬師本願功徳経』を流布し、薬師瑠璃光如来の名号を受持し、恭敬供養《きょうけいくよう》する者があれば、この人々を衛護し、一切の苦難を解脱せしめ、諸願を満足せしめんと釈尊に誓ったという。この十二神将登場の場面は、『灌頂経』『薬師如来本願経』『薬師瑠璃光七仏本願功徳経』の説くところもほぼ同じである。

十二神将の地位、役割

経典によれば、十二神将は、薬師如来の名号を受持し恭敬供養する人々を護り、苦難を解脱させ、諸願を満足させるという。では、十二神将はどういう地位、立場でそのような役目を果たすのであろうか。十二神将の地位に関してはつぎの三つの説が考えられている。まず第一は十二神将を薬師如来の眷属と考える説、第二は十二神将を薬師如来の分身と考える説、第三は十二神将を十二の時、十二の日、十二の月を司り、絶えず衆生を護る守護神と考える説である。

第一の十二神将を薬師如来の眷属と考える説の根拠は、先に掲げた『薬師本願経』などの記述である。釈尊が薬師如来の本願や功徳について述べたときに、十二夜叉大将がそれぞれ七千の眷属を率いて会座に列したと説くところから、十二神将を薬師如来に付き従うものと解するのである。

第二は、十二神将を薬師如来の一二の大願に呼応して現れた薬師如来の分身と考える説である。薬師如来の十二大願とは、東方にあるといわれる浄瑠《じょうる》璃《り》世界（浄瑠璃浄土）に住む薬師如来が、過去世において菩薩として修行していたときに、衆生を救済しようとして起こした一二の願をさす。玄奘の『薬師本願経』によれば、つぎのとおりである。

1　光明普照《こうみょうふしょう》　自他の身から発する光が燃えさかる
2　随《ず》意成弁《いじょうべん》　威徳が高く大きく、衆生に悟りを開かせる
3　施《せ》無《む》尽仏《じんぶつ》　衆生の所欲を満たし、乏を少なくさせる
4　安立大乗《あんりゅうだいじょう》　一切の衆生を大乗に安立させる
5　具《ぐ》戒清浄《かいしょうじょう》　一切の衆生に梵行を行じさせ、三聚戒を備えさせる
6　諸根《しょこん》具《ぐ》足《そく》　諸根を完具させる
7　除病安楽《じょびょうあんらく》　一切衆生の衆病を除き、心身を安楽にして、無上の菩提を証得させる
8　転女得仏《てんにょとくぶつ》　女身を転じ、男子と成す

9　安立正見《あんりゅうしょうけん》　衆生に天魔外道《てんまげどう》の纏縛《てんばく》、邪思《じゃし》、悪見の稠林《ちゅうりん》を解脱させ、正見に導く
10　苦悩解脱《くのうげだつ》　衆生に悪王、劫賊《ごうぞく》の横難《おうなん》を解脱させる
11　飲食安楽《おんじきあんらく》　飢渇の衆生に上食を得させる
12　美衣満足《びいまんぞく》　貧乏で衣服のない者に妙衣を得させる

十二大願とは、現世において、衆生に降りかかる数々の災いや苦悩を除いて、悟りを得させようとする願いである。現世利益的な救済という性格が強い。十二神将を薬師如来の十二願に対応する薬師如来の分身と考える根拠は、『薬師本願経』のなかにこの経の別名として「説十二神将饒益有情《にょうやくうじょう》結願経」の名があげられていることである。十二神将が、薬師如来の分身として、薬師如来の本願を成就させる、すなわち衆生の諸願を満足させるのである。また、『薬師消災軌』や『陀羅尼《だらに》集経』二において、薬師陀羅尼を説くのに際して、まずはじめに帰命の句を掲げ、つづいて十二神将の名を列挙し、つぎに薬師如来の徳を賛嘆し、最後に成就の句を加えている。これも、十二神将を薬師如来の分身と考えている証拠であろう。十二神将はそれぞれ七千の眷属をもつことから、乗ずると八万四千の護法神となり、一切衆生の八万四千の煩悩を転じて菩提を得させることが可能となると考えるのである。

第三の説は、十二神将を、昼夜十二の時、十二の日、十二の月を司り、絶えず衆生を護る守護神と考える説である。これは、十二神将が本来もっていた役割ではなかった。たまたま十二という数が十二支の数に合致するために、後世、十二神将と十二支を結びつけたらしい。『覚禅鈔』や『阿娑縛抄《あさばしょう》』では、薬師十二神将を十二支に配するのは『大方等大集経』の説に基づくと説いている。『大方等大集経』第二十三浄目品には十二獣の説がでている。すなわち、閻浮提《えんぶだい》の外の南方の海中にある琉璃山の三窟（種種色、無死、善住）にそれぞれ蛇、馬、羊が、西方の海中にある頗梨《はり》山の三窟（上色、誓願、法牀）にそれぞれ獼猴《びこう》、鶏、犬が、北方の海中にある銀山の三窟（金剛、香功徳、高功徳）に猪、鼠、牛が、東方の海中にある三窟（明星、浄道、喜楽）にそれぞれ師子、兎、竜が住んでおり、これらの一二種の禽獣が十二日ごとに交代して時辰《じしん》を司り、常に閻浮提の内を遊行教化していると説いている。十二神将は、この十二獣と結びつくことによって、十二獣の持つ時辰を司る守護神の性格をひきついだと考えられる。日本では、伝教大師撰と伝える『薬師如来講式』（大正蔵、八四・八七五ページ〜）には、十二神将は昼夜十二時、十二の日、十二の月を交互に司り、閻浮提洲の一切衆生を守護すると説かれている。

十二神将の名称

十二神将の名称は音写されたものであるから、諸経の間で表記に移動が多い。たとえば、『覚禅鈔』には名号の三訳異同を掲げているほどである。まず普段使用されているサンスクリット表記と日本における一般的な呼称を併記するとつぎのようになる。なお、サンスクリット表記の後に、（　）内に示した表記は、ギルギットで発見された文書（Gilgit Manuscripts, Vol.V, ed. by N. Dutt, p.30）に使用された別表記である。

1　Kumbhīra　くびら
2　Vajra　ばきら
3　Mihira（Mekhila）　めきら
4　Aṇḍira（Antira）　あんてら
5　Majira（Anila）　まにら
6　Ṣaṇḍira（Saṃthila）　さんてら
7　Indra（Indāla）　いんだら
8　Pajra（Pāyila）　はいら
9　Makura（Mahāla）　まこら

10　Sindūra (Cindāla)　しんだら
11　Catura (Caundhula)　しょうとら
12　Vikarāra (Vikāla)　びから

漢字による表記は実にさまざまである。試みに、いくつか表記を掲げてみよう。①は玄奘訳の『薬師本願経』に掲げた名称、②は義浄訳の『薬師瑠璃光七仏本願功徳経』に掲げた名称、③は達摩笈多訳の『薬師如来本願経』に掲げた名称、④は『陀羅尼集経』第二所載の「薬師瑠璃光仏大陀羅尼呪」(大正蔵、一八・七九九ページ)に掲げた名称、⑤は同じく『陀羅尼集経』第三所載の「般若壇法」(大正蔵、一八・八〇八ページ)に掲げた十六善神の名称のうち十二神将に対応する名称、⑥は『陀羅尼集経』第三所載の「般若壇法」が『覚禅鈔』に引用された際の表記である。漢訳経典には、十二神将の名称を音写ではなく、意訳して掲げたものもある。⑦に『薬師七仏供養儀軌如意王経』の「修薬師儀軌布壇法」に掲げた名称を付す。

1　くびら　①宮毘羅　②宮毘羅　③宮毘羅　④金毘羅　⑤禁毘嚕　⑦極畏
2　ばさら　①伐折羅　②跋折羅　③跋折羅　④和耆羅　⑤嚩日嚕　⑥抜折嚕　⑦金剛
3　めきら　①迷企羅　②迷企羅　③迷佉羅　④彌佉羅　⑤彌覩嚕　⑥年闕魯　⑦執厳

4　あんてら　①安底羅　②頞儞羅　③安捺羅　④安陀羅　⑤欶怒毘　⑥鈍徒魯　⑦執星
5　まにら　①頞儞羅　②安涅羅　③末儞羅　④摩尼羅　⑤阿儞嚕　⑦執風
6　さんてら　①珊底羅　②婆儞羅　③摩涅羅　④素藍羅　⑤婆儞嚕　⑦居処
7　いんだら　①因達羅　②因陀羅　③因陀羅　④因陀羅　⑤印捺嚕　⑥印陀羅　⑦執刀
8　はいら　①波夷羅　②波夷羅　③波異羅　④婆耶羅　⑤波夷嚕　⑥婆姨魯　⑦執飲
9　まこら　①摩虎羅　②薄呼羅　③摩呼羅　④摩休羅　⑤摩尾嚕　⑥摩休魯　⑦執言
10　しんだら　①真達羅　②真達羅　③真達羅　④真特羅　⑤真特嚕　⑥真特魯　⑦執想
11　しょうとら　①招杜羅　②朱杜羅　③招度羅　④照頭羅　⑤嚩吒徒嚕　⑥提徒魯　⑦執動
12　びから　①毘羯羅　②毘羯羅　③鼻羯羅　④毘伽羅　⑤尾迦嚕　⑥毘迦魯　⑦円作

このほかの薬師関連の経典では、金剛智訳の『薬師観行儀軌』の載せる名称は玄奘訳の『薬師本願経』のそれとほぼ同じであり、『薬師消災陀羅尼儀軌』や『灌頂経』第十二に載せる名称は『陀羅尼集経』第二所載の「薬師瑠璃光仏大陀羅尼呪」に掲げた名称とほぼ同じである。

台密系の十二神将の形、からだの色、持ち物など

十二神将の形像については、先にあげた薬師如来を説く五つの漢訳経典には記載がない。また、一行撰の『薬師瑠璃光如来消災除難念誦儀軌』（大正蔵、一九・二〇ページ～）や金剛智訳の『薬師如来観行儀軌』（大正蔵、一九・二二ページ～）、不空訳の『薬師如来念誦儀軌』（大正蔵、一九・二九ページ～）などにも記述はみられない。これは、薬師如来の形像について、関係経典に記載がみられないのとよく似ている。漢訳経典のなかで、はじめて十二神将のからだの色や持ち物について記述がみられるのは、元の沙囉巴訳の『薬師瑠璃光王七仏本願功徳経念誦儀軌』二巻（大正蔵、一九・九二六ページ）においてである。その記述を表にまとめると、つぎのとおりである。

〈表1〉『薬師瑠璃光王七仏本願功徳経念誦儀軌』

順番	名称	身色	持物	順番	名称	身色	持物
1	宮毘羅	黄	宝杵	5	頞儞羅	紅	宝叉
2	跋折羅	白	宝剣	6	珊底羅	煙	宝剣
3	迷企羅	黄	宝棒	7	因陀羅	紅	宝棍
4	安底羅	緑	宝鎚	8	波夷羅	紅	宝鎚

9	摩虎羅	白	宝斧	11	招住羅	青	宝鎚
10	真達羅	白	羂索	12	毘羯羅	紅	宝輪

沙囉巴の生没年は開慶元年（一二五九）から延祐元年（一三一四）で、この経典の成立は十四世紀の初めころである。しかし、日本では、奈良時代以降、この経典が成立したと考えられる十四世紀初めころまでに制作された十二神将像のなかには、この経典を典拠にした作品を見いだすことができない。日本では、十二神将像の形、からだの色、持ち物などについて、独自の展開があったことが想像される。

日本において、最初に十二神将の形などについて説く経軌は、『浄瑠璃浄土標』（大正蔵、一九・六六ページ～）である。その説くところを表にすると、つぎのようになる。

〈表2〉『浄瑠璃浄土標』

順番	名称	身分	身色	獣座	持ち物	配置する方角
1	宮毘羅	伊舎那方、可畏大将	黄標	虎	獣茶剣を執り、左手拳を左腰に押す	東北方
2	伐折羅	因達方、金剛大将	青、眼は赤	兔	三股伐折羅を執り、左手は風をしりぞけ、左を仰ぐ	東方

3	迷企羅	阿羯拏方、護法大将	炎を帯び、上に青煙	竜	鉾を執る、鉾の上に炎旗、両手で鉾を調べる	東南方
4	安儞羅	阿掲多方、護法大将	炎を帯び、上に黄煙	蛇	戦茶鉞を執り、左手を挙げ、風指（人差し指）を伸ばし、火珠をのせる	南方
5	安底羅	閻魔羅方、正法大将	赤、炎を放つ、雷眼大髪	両翼馬	左に伐月盧を執り、右に鏡を執る、上に炎	西南方
6	珊底羅	涅哩底羅方、羅刹大将	黄赤、羅刹像に作る	羊	左に鏡を執り、右に戦茶剣を執る、あるいは伐只哩を執る	西方
7	因達羅	涅哩底方、帝使大将	黄	猴	左に白払を執り、右に鈴を執り、見上げる	西方北方
8	跋伊羅	縛嚕荼方、狼竜大将	白錯	金翅鳥	左に如意珠を執り、右に金剛鐸を執る	北方
9	摩睺羅	縛庚方大将、あるいは折風大将	黒風のごとし	狗、その形畏るべし、いわゆる天狗	左拳は風指を伸ばし輪をのせる、右は風をしりぞける	上方

10	真達羅	縛庚方、折水大将	黒水のごとし	猪	右は鉤をもち、左は地水をしりぞける	下方
11	招杜羅	毘沙門方、護世大将、または摩尼大将	夏日の黒雲色	鼠	右に如意珠を執り、左に羂索を執る	西方
12	毘羯羅	伊舎那方、懃忿大将	黒青、ただしやや前色を滅する	牛、水牛	宝弓箭を執る	亥方（北北西）

長治二年（一一〇五）書写の奥書をもつ東寺宝菩提院本の端題下に元叡山本と有り、また『阿娑縛抄』（大正図、八・一〇五九ページ）に「浄瑠璃浄土標、是れ伝教の御作か。嘉書なり。山本の御経蔵にこれ有り。快覚持本の題下に叡山本という。云々。この中に薬師曼荼羅幷十二神将形像明らかなり」とみえることから、これは天台宗に伝えられた図像であることが知られる。『浄瑠璃浄土標』がいつ編まれたかについては、正確にはわからない。『叡岳要記』『九院仏閣抄』『阿娑縛抄』『行林抄』の記述によれば、治安三年（一〇二三）に叡山根本中堂に作られた十二神将像を、延暦寺第二十七世座主の慶命が、天台座主職に在った万寿五年（一〇二八）から長暦二年（一〇三八）の間、『浄瑠璃浄土標』に従って配置換えしたという。叡山の根本中堂の十二神将像は十二支の標幟をもたないものであるから、獣座について記述のある『浄瑠璃浄土標』を典拠にして作られたものではない。

しかし、配置換えの記事から、『浄瑠璃浄土標』が平安時代中期の万寿五年（一〇二八）以前に存在していたことが知られる。

今日伝わる十二神将像のうちに『浄瑠璃浄土標』に基づいて制作されたと考えられるものは見あたらない。しかし、高野山金剛三昧院蔵の二十八部衆并十二神将像（大正図、七・四七九ページ〜）に収められた十二神将図像は、形や持ち物、十二支の標幟などから判断して、この『浄瑠璃浄土標』を典拠にしたものであろうと考えられる。ただし、各神将像は獣座に乗る姿ではなく、十二支の標幟を額にいただく立像に改められている。その巻末の奥書によれば、この図像は、正慶元年（一三三二）に融済が高野山一心院内において安祥持秘本を写したものを、さらに正平十四年（一三五九）九月に実専が高野山不動堂において模写したという。この他、図を伴わないが、この『浄瑠璃浄土標』を引いて十二神将の像法を説く図像集は多い。天台宗系の図像集では、仁平四年（一一五四）に著された静然の『行林抄』（大正蔵、七八・一ページ〜）や仁治三年（一二四二）ころから弘安五年（一二八二）に著された承澄の『阿娑縛抄』（大正図、六・三九二ページ〜）に引用がみられる。東密系では、亮禅の『白宝口抄《はくほうくしょう》』（大正図、六・三九二ページ〜）が、『浄瑠璃浄土標』の名を明記してはいないが、その説を引用して十二神将の形像を述べている。

東密では、『覚禅鈔』以前には、十二神将の像法にふれたものはみられない。たとえば、恵什の『十巻抄』（大正図、三・一ページ～）や心覚の『別尊雑記』（大正図、三・五七ページ～）では、十二神将の名称と陀羅尼については説いているが、像法については言及していない。『覚禅鈔』以前には、『妙見菩薩神呪経』に説く十二支神像の像法をもって、十二神将像の像法に替えていたとかんがえられる。妙見曼荼羅は、興然著『曼荼羅集』（大正図、四・二七二、二七三ページ）や『別尊雑記』（大正図、三・五八八ページ）、『諸尊図像』（大正図、三・七三七ページ）などの図像集に収められている。この妙見曼荼羅の外院に十二支神像が描かれている。妙見曼荼羅は、妙見菩薩像を中心に、そのまわりに北斗七星（貪狼星《どんろう》、巨文星《きょぶん》、禄存星《ろくぞん》、文曲星《ぶんきょく》、廉貞星《れんてい》、武曲星《ぶきょく》、破軍星《はぐん》）、さらにその外縁に方位や時の神としての十二支神を配したものである。妙見菩薩は北極星を神格化したものであり、この妙見菩薩に対する信仰は、陰陽道の北辰信仰の影響を強く受けて成立した。息災を祈り、眼病などの治癒を願い、あるいは敵軍の退散などを願って信仰された。この妙見曼陀羅に表された十二支神像は獣頭を持つ人身像であり、天衣瓔珞《てんねようらく》を着け、盤石の上に坐っている。

東密系の十二神将の形、からだの色、持ち物など

この獣頭人身の十二支神の姿が、一方で十二神将の姿であると考えられていたことは、同じ興然が『図像抄』第一巻（大正図、四・三〇六ページ）において、十二神将像の形像を『妙見菩薩神呪経』の説を引いて述べていることからも明らかである。また、醍醐寺本十二神将図（大正図、七・四〇五ページ〜）のなかに同様の獣頭人身の図像があるが、この図像を含む上下二巻の巻子本《かんすぼん》の題名は「十二神将像」となっており、ここでもこの姿の像をもって、十二神将と考えていたことがわかる。醍醐寺本の十二神将図は、その奥書によれば、治承四年（一一八〇）に高野山にあったことが知られ、興然とほぼ同時期のものである。

『覚禅鈔』巻三薬師法は、その奥書に「文治五年（一一八九）春比撰集之／仏子覚禅生年四十七」とあることから、成立の年代が知られる。ここには十二神将の三種の形像が載せられている。そのうちの一種（大正図、四・四一八ページ）は図を伴わないもので、『妙見神呪経』『北辰別行法』から引用したものであり、興然が『図像抄』に引用するものと同じである。諸神はみな天衣瓔珞を着け、盤石の上に坐すと説く。『覚禅鈔』はこの十二支神に十二神将の名称を対応させていないが、同じく『妙見神呪経』の説を引く『阿娑縛抄』は、寅位の甲寅将軍を宮毘羅に、卯位の丁卯従神を伐折羅に、辰位の甲辰将軍を迷企羅に、巳位の丁巳従神を安底羅に、午位の甲午将軍を頞儞羅に、未位の丁未従神を珊底羅に、申位の甲申将軍を因陀羅に、酉位の丁酉従神を波夷羅に、戌位の甲戌将軍を摩虎羅に、亥位の丁亥従神を真達羅に、子位の甲子将軍を招住羅に、丑位の丁丑従神を毘羯羅に対応させている。『覚禅鈔』に引用された『妙見菩薩神呪経』の説に『阿娑縛抄』による名称を加えて表にすると、つぎのとおりになる。

〈表3〉『覚禅鈔』（一）『妙見菩薩神呪経』の説

順番	方位	名称	姿	持ち物
1	東方、寅位	甲寅将軍（宮毘羅）	虎頭人身	右に棒
2	卯位	丁卯従神（跋折羅）	兎頭人身	左に棒
3	辰位	甲辰将軍（迷企羅）	竜頭人身	鉄鎚
4	巳位	丁巳従神（安底羅）	蛇頭人身	戟
5	午位	甲午将軍（頞儞羅）	馬頭人身	戟
6	未位	丁未従神（珊底羅）	羊頭人身	槌
7	申位	甲申将軍（因陀羅）	猴頭人身	刀
8	酉位	丁酉従神（波夷羅）	鶏頭人身	刀

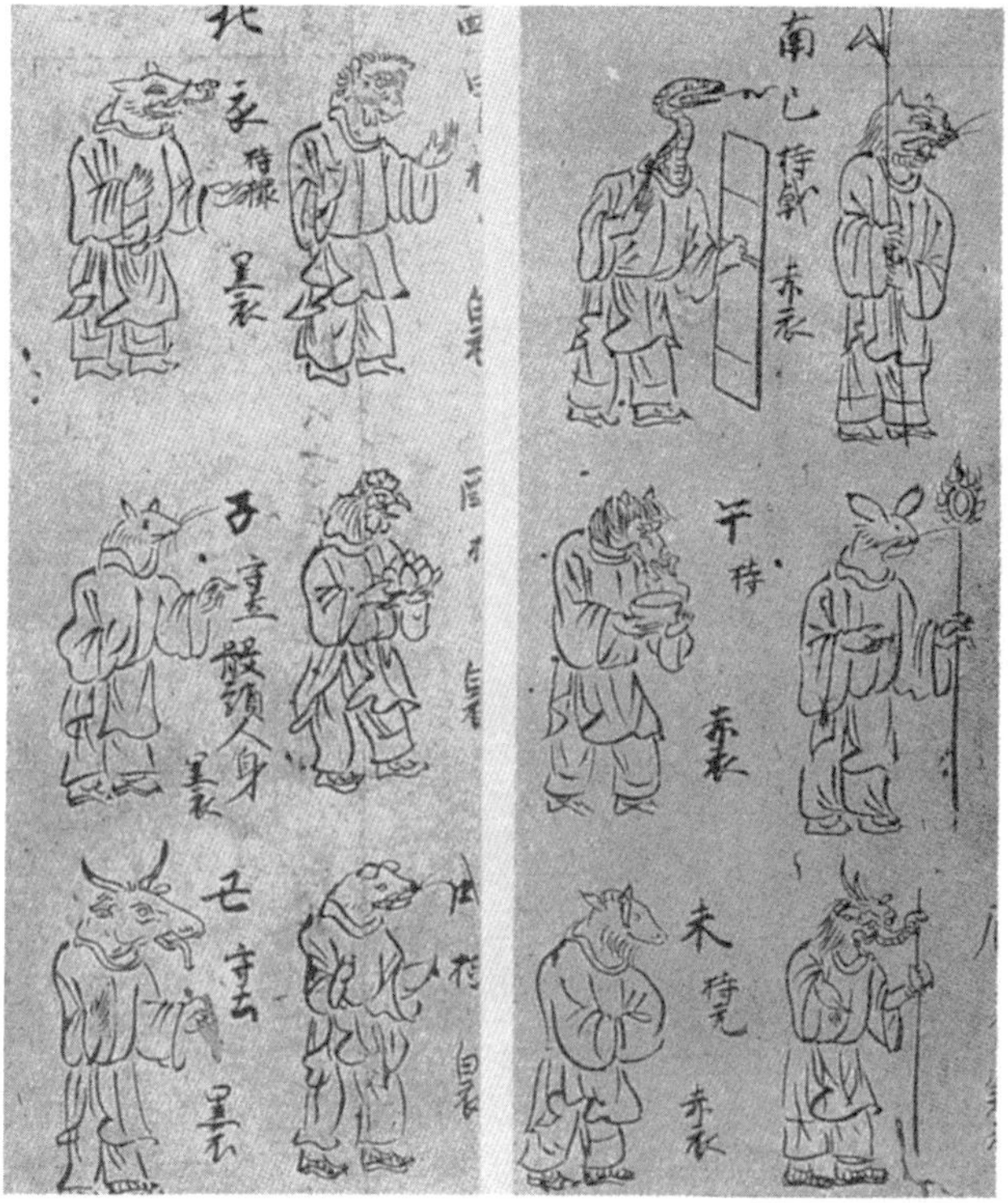

図25　『覚禅鈔』に載せる薬師十二神（大正図像四）

9	戌位	甲戌将軍（摩虎羅）	犬頭人身	槌
10	亥位	丁亥従神（真達羅）	猪頭人身	鉄鉤
11	子位	甲子将軍（招住羅）	鼠頭人身	鉤
12	丑位	丁丑従神（毘羯羅）	牛頭人身	槌

『覚禅鈔』に載せる第二の形像は図を伴ったもので、中国の道士のような服をきた獣頭の人身像である（大正図、四・四一九、四二〇ページ）（図25）。図のわきに墨書がある。略画風の絵であるためか、図には持ち物の表現が欠けている例が多い。また墨書にも持ち物に関する記述が欠けた例がある。図から判断した持ち物を（　）内に加えて表にすると、つぎのようになる。

〈表4〉『覚禅鈔』（二）

順番	方位、季	十二支	持ち物	衣の色
1	東	寅	釾	青衣
2	東	卯	釾	青衣
3	東	辰	釾	青衣
4	南	巳	戟（盾）	赤衣

順番	方位、季	十二支	持ち物	衣の色
5	南	午	（鉢）	赤衣
6	南	未	無	赤衣
7	西	申	弓（無）	白衣
8	西	酉	（花）	白衣

9　西　戌　（無）　白衣　11　北、守土　子　（無）　骰頭人身、黒衣

10　北　亥　環（無）　黒衣　12　北、守土　丑　（無）　黒衣

この図に表された十二支神像の持ち物が、先の第一の説、すなわち『妙見神呪経』の説とは異なるために、従来第一の説とこの第二の図は別物と考えられてきた。これに対し、この第二の絵に表された形像は、実は先の第一の形像に関する記述の付図の役目を果たしていると考える説がある。まず、各像は獣頭人身の姿に表されており、これが第一の『妙見神呪経』の説に一致する。また、『覚禅鈔』の裏書四七の記載内容も本図が『妙見神呪経』の説に対する付図である可能性を強く示唆している。裏書四七は、その配列の位置から、これまでつぎに述べる「世流布像」の裏書とされてきたが、近年、錦織亮介氏は、これはむしろ第二の獣頭人身の図に付された可能性が強いことを明らかにした。裏書には、「面十二神将形者。雖違持物本説。相叶形像故図之／書本記云。斯図者。良因寺別当宣誉公。於山階寺天井上附見之。依好此業更被伝授。雖不知誰筆。甚以獲麟也。仍不勝感悦。速加修補為後代規模而已／永保二年（一〇八二）壬戌八月十三日記」とあり、このなかの「本説」とは『妙見神呪経』、『北辰別行法』を指すのだという。持物《じぶつ》は説と異なるが、基本的には付図として役立つと考えてあえて掲出したとみられる。

『覚禅鈔』が説く第三の形像は、一般に「世流布像」とよばれるものである。図を伴っている（大正図、四・四二、四三ページ）。円心様の図像とされるが、この像法を説く経典については未だ判明しない。井天本を珍海が転写したものであるという。円心は十一世紀中ごろに活躍した画師で、『古画備考』や『本朝画史』『史料通覧』などに記述が見られる。円心筆の像としては、真筆ではないが、建久六年（一一九五）書写の墨書のある醍醐寺蔵の白描不動明王図、『別尊雑記』巻三十三に収められた降三世明王（大正図、三。図像一六八）、軍荼利明王（大正図、三・図像一七二）、大威徳明王（大正図、三。図像一七四）などが知られている。また珍海（寛治五年〔一〇九一〕～仁平二年〔一一五二〕）は、東大寺已講《いこう》を務めた画僧で、図像に詳しく、画技にも優れていた。久安四年（一一四八）に「釈迦霊鷲山説法図」（現、ボストン美術館蔵）を修理しており、また東寺蔵の白描図像「仁王経五方諸尊図」の南幅などが彼の筆様を伝える。『覚禅鈔』に掲出する図は、図像の特徴を簡明にとらえた略画風のものである。それぞれの神将は、着甲の立像に描かれ、頭上に十二支獣をいただいている。経軌《きょうき》は不明であるとはいえ、高野山の桜池院の薬師十二神将図や現在諸家が分蔵する益田家旧蔵の定智本の十二神将図像は、まさにこの図像を踏襲しており、言葉どおり、この図像が世に流布したものであることは明らかである。図のわきには、

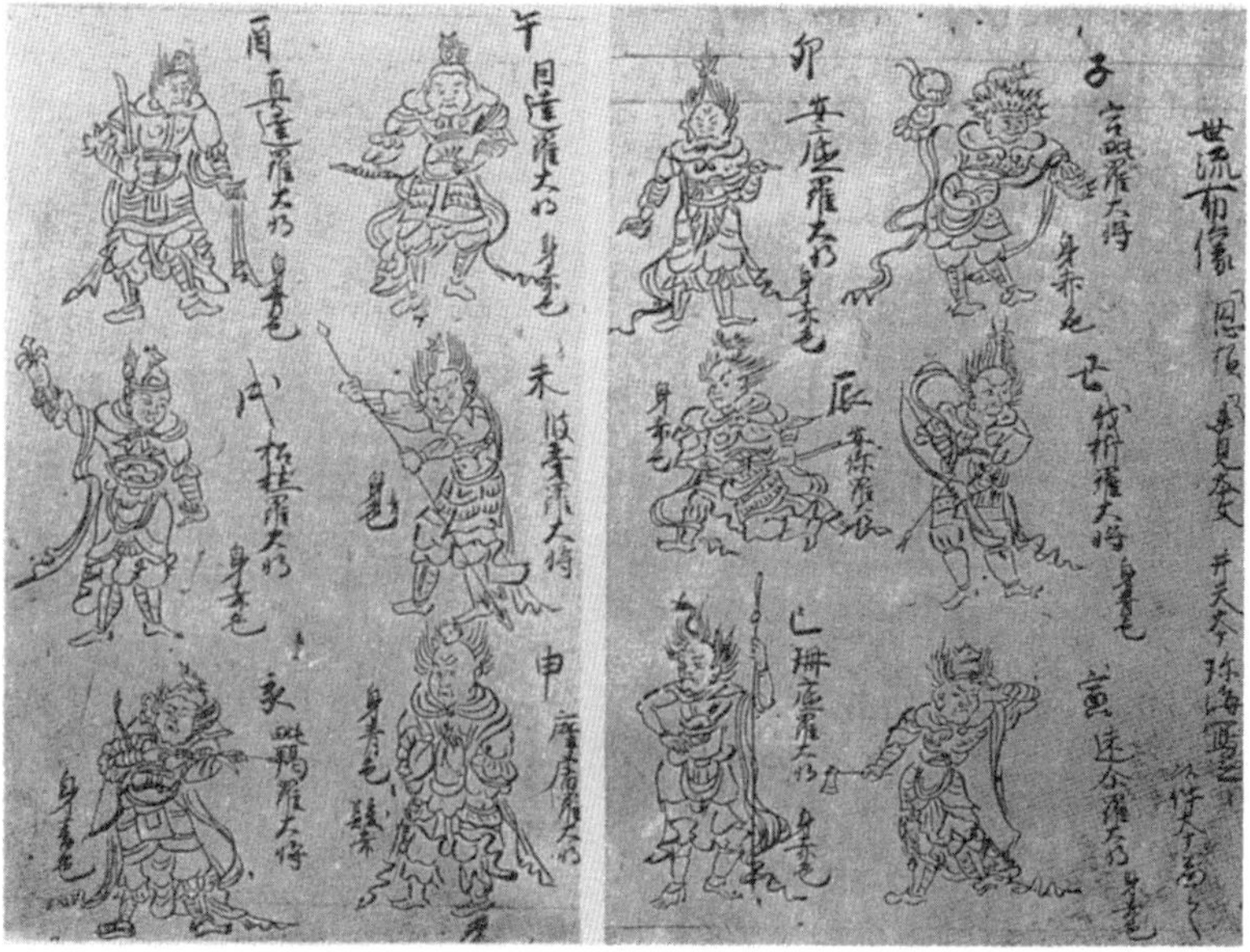

図26 『覚禅鈔』に載せる薬師十二神「世流布像」(大正図像四)

十二支、尊名、身色についての墨書がある。持ち物、姿態についての記述はない（図26）。「世流布像」については、『白宝口抄』（大正図、六・三九二ページ〜）巻三十三も述べている。ここでは持ち物に関して言及しているが、それは図に表された姿や持ち物を文章に直したにすぎない。『覚禅鈔』の図とその墨書に、『白宝口抄』巻十三（大正図、六・四〇〇）による持ち物に関する記述を加えて表にすれば、つぎのようになる。

〈表5〉『覚禅鈔』（三）「世流布像」

順番	十二支	名称	身色	持ち物
1	子	宮毘羅大将	赤色	左手は前に向けて五指を開く、右手は索を執り、擲《なげう》つ姿勢をとる
2	丑	伐折羅大将	青色	弓を取り、箭をはけて、右脇下に廻す
3	寅	迷企羅大将	赤色	右手に鉞を執り、左手は舒《の》べて五指を額にあてる
4	卯	安底羅大将	赤色	左手に独股《とっこ》を持ち、右は拳をつくり、地水風指を舒べる
5	辰	安儞羅大将	赤色	腰の大刀を帯び、左手で鞘、右手で柄を執って走る姿勢をとる
6	巳	珊底羅大将	赤色	左手に鉾を執り、地に立て、右手は腰にあてる
7	午	因達羅大将	赤色	左手を腰にあて、右手に独股杵《とっこしょ》を執る
8	未	波夷羅大将	青色	左手に棒鉾を執る

9　申　摩虎羅大将　青色、金剛合掌

10　酉　真達羅大将　髪赤青色　右手は大刀を執って腰にあてる、左腕に天衣を纏い、端を取って下に垂らす

11　戌　招杜羅大将　赤色　左手は前に向けて五指を開く、右手に三叉棒を執る

12　亥　毘羯羅大将　青色　右脇に弓を挟み、左手で箭をつまよる

『覚禅鈔』以降、所依の経軌を明らかにできない十二神将像がますます増える。新たに将来されたのか、あるいは自由な創意にまかせて制作されたのかも明らかではない。澄円の『白宝抄』（大正図、一〇・五八八ページ～）、亮禅の『白宝口抄』（大正図、六・三九二ページ～）は、十三世紀初めから十四世紀にかけて成立した図像集であるが、ここでは十二支神や十二神将の像法をさらに細かく記述している。たとえば、『白宝口抄』（大正図、八・四〇〇ページ～）には併せて五種の形像が説かれているが、そのうちの三種はすでに知られたものである。すなわち、一種は『浄瑠璃浄土標』を引用したもの、一種は『覚禅鈔』に説く「世流布像」の持ち物を詳述したもの、他の一種は『妙見神呪経』の説を引用したものであるが、さらに『覚禅鈔』の第二の獣頭人身の図像（大正図、四・四一九、四二〇ページ）の墨書によって像の衣の色を補記したものである。他の二種は新たなものであるが、出典を明らかにしていない。そのうちの一種は、各神将が頂上に十二支の標幟を

いただく形のものである。十二神将の名称が付されているが、この名称は『陀羅尼集経』第二所載の「薬師瑠璃光仏大陀羅尼呪」に掲げる名称と近い。記述が順不同であるので、通例の順番に改めて表にすると、つぎの通りである。

〈表6〉『白宝口抄』（一）

順番	名称	十二支	身色	持ち物
1	金毘羅	猪	青	左手に大刀を持ち、右手をもって寄せ取る
2	和耆羅	狗	青黒	右手に剣を持ち、左手は五指を開いて立て外に向ける
3	彌伽羅	鶏	白肉色	両手で箭をつまよる、弓は右辺に立てる、忿怒形
4	安陀羅	猿	青黒	右手に大刀、左手は外に向けて開く
5	摩尼羅	羊	赤黄	右手に大刀を持ち、左手を腰にあてる
6	素藍羅	白馬	赤	左手に戟を持ち、右手を腰にあてる、忿怒形
7	因陀羅	蛇	黄	右手に大刀を持ち、左手を腰にあてる
8	波耶羅	竜	赤黒	鬼形、戟を両手で捧げる
9	摩休羅	兎	青	左手に戟を持ち、右手に三股杵を持つ
10	真特羅	虎	赤	右手を上げ、左手に輪を持つ

11	照頭羅	牛	青	右手に大刀を持ち、左手でこれを受ける
12	毘河羅	鼠	青黒	右手に戟を持ち、左手は拳をつくって腰にあてる

他の一種は十二支神について述べたものであるが、午神についての記述が欠けている。

〈表7〉『白宝口抄』(二)

順番	十二支	身色	持ち物
1	寅神	赤	右は拳、左は輪を持つ
2	卯神	赤	左手を腰にあて、右手に鉾を取る
3	辰神	赤	右手に三股杵を持ち、左手を下に垂らす
4	巳神	白	右手は刀の柄を執り、左手は鞘を取る
5	(欠)		
6	未神	青	右は拳、左の拳は眉間にあてる
7	申神	青	右手に熊手を持ち、左は施願
8	酉神	(欠)	右に三股鉾を持ち、左は拳をつくって腰にあてる
9	戌神	(欠)	左に刀を執り、右手(欠)
10	亥神	(欠)	左拳を腰にあて、右に宝棒を持つ

11　子神　黄　合掌
12　丑神　黄　右手は開いて面を向け、左手は弓箭を執る

以上、主だった図像集などをもとに、十二神将の形やからだの色、持ち物などについての説を見てきた。経軌に説かれた形態はこのように多様である。現存する十二神将像の形態はさらに多彩であり、十二神将像の形態や持ち物からその尊名を明らかにすることはほとんど不可能に近いといってもよいであろう。

十二神将と十二支の関係

十二神将は十二支の標幟を伴うものがかなりある。では、その十二支の標幟によって尊名を決定することが可能であろうか。結論からいえば、十二支の標幟だけではやはり尊名を決定することはできない。なぜなら、十二神将を十二支に配当するやり方に、複数の組み合わせがあるからである。

さきに述べたとおり、薬師関係の漢訳経典には十二神将を十二支に配当する説は出ないところから、両者の関係は本来的なものではないと考えられる。たまたま十二という数が、十二支、十二獣の数と合致することから、両者を組み合わせるという考えが起こったようである。まず第一に、薬師十二神将と十二支を関係づけるのは、『大方等大集経』の経説に基づくとする考えがある。『覚禅鈔』『阿娑縛抄』『白宝口抄』などがこの説を紹介して

いる。『大方等大集経』第二十三浄目品に説く十二獣とは、閻浮提《えんぶだい》のそとの四方の海中にそびえる四つの山の一二の石窟にすむ一二種類の禽獣のことであり、それらは交互に時辰《じしん》を司り、閻浮提のなかを遊行教化するという。これらと十二神将が結びつくことによって、時辰を司る十二獣の守護神的正確を十二神将が引き継いだと考えられる。

また、十二神将と十二支の関係には、中国の陰陽道が影響していると考えられる。十二支は、十二子、十二辰ともいい、子・丑・寅・卯・辰・巳・午・未・申・酉・戌・亥のことで、方位や時間を表し、十干と組み合わせて歳事や人事の変化運用に当てられる。後には生年をこの十二支であらわすようになる。この十二支に一二種の動物を配当するのは、後漢の王充の『論衡』物勢篇にみられ、この十二支に配された動物を十二肖、十二属、十二獣、十二神ともいい、子に鼠、丑に牛、寅に虎、卯に兎、辰に竜、巳に蛇、午に馬、未に羊、申に猿、酉に鶏、戌に犬、亥に猪が当てられる。十二肖像が造形されたのは漢時代以降であるが、唐時代には墓誌を飾る彫刻として、また明器として多く作られ、墓に納められた。唐代における十二肖像の盛んな造像を反映してか、初唐のころより、敦煌莫高窟の第二二〇窟北壁の薬師浄土変相図にみられるとおり、十二神将像の頭上に十二支の獣面を置く表現が見られ始める。

日本における十二神将と十二支の関係

日本では、平安時代以降、両者の組み合わせが始まる。しかし十二神将と十二支の結びつきは複雑であり、十二神将のどの尊に十二支のどれを配するかについては諸説がある。例えば、『阿娑縛抄』（大正図、八・一〇五〇ページ）は四説を掲げている。そのひとつは、第十二番目の毘羯羅を子とし、第十一番目の招杜羅を丑として、逆回りに十二支を配して、第一番目の金毘羅を亥とする説で、『覚禅鈔』などに引く『一行阿闍梨詮集』の説（後掲の表8）、あるいは『白宝口抄』に引く一説（表6）がこれにあたる。第二は、第十一番目の招杜羅を子、第十二番目の毘羯羅を丑、第一番目の金毘羅と寅として、順送りに十二支を配する説で、『浄瑠璃浄土標』（表2）、『覚禅鈔』に引く『妙見神呪経』の説（表3）、『白宝口抄』にひく一説（後掲の表10）がこれを説く。第三は、第十二番目の毘羯羅を子、第一番目の金毘羅を丑として、順送りに十二支を配するというもので、目下のところ、この『阿娑縛抄』の記述以外にその例は見出すことができない。第四は、第一の宮毘羅を子、第二の伐折羅を丑として、順送りに十二支を配するもので、『覚禅鈔』に引く「世流布像」の説（表5）がこれに当たる。このように種々の説がある背景には、平安時代中期以降に流行した陰陽道や密教系の宿曜道《すくようどう》の複雑な影響が存在すると考えられる。たとえば、『阿娑縛抄』（大正図、八・一〇五〇ページ）は、「或人いわく、宿曜道は子をもって始と為し、禄命は丑をもって始と為し、陰陽は寅をもって始と為す云々」と記すとともに、別な説を述べたあとの割注には「陰陽は子をもって始と為し、宿曜は寅をもって始と為す、これを尋ぬべし」とまったく違う説を記しており、その複雑な様子を伝えている。このように、十二神将と十二支との対応には多種の説があるので、尊名が明記されていないかぎり、十二支の種別によってその尊名を知ることはむずかしい。

十二支獣を伴った十二神将の多様な表現

十二支の標幟をもっていても、十二神将の尊名が明記されていない場合は、それらの尊をなんと呼べばよいのだろうか。その場合には、単に子神、丑神というように十二支神の名で呼ぶよりほかはないだろう。たとえば、大正図像第七巻に収載する醍醐寺本の白描の薬師十二神将図には、五種の十二神将像が描かれているが、そのどれにも十二神将の尊名は添えられていない。そのうちのひとつは十二支の標幟をもたず、わきに十二支の名が墨書されているにすぎないが、他の四種の場合には、十二支の標幟がそれぞれ異なった形に表現されている。第一は、十二神将が時数と同じ数の獣の上に立つという表現である。すなわち、子神は九鼠、丑神は八牛、寅神は七虎、卯神は六兎、辰神は五竜、巳神は四蛇、午神は九馬、未神が八羊、申が七猿、酉が六鶏（絵では三羽か）、戌神は五犬、亥神は四猪の上に立っている。第二は、十二支獣標幟を頭頂部にいただく表現、第三は人身に十二支の頭をつけた表現、第四は十二支獣に騎乗する表現である。それぞれの形や持ち物、付記されたからだの色などを先の図像集の種々の説と対比させても異なる点が多く、尊名の決定には至らない。同じく大正図像の第七巻に収められている仁和寺蔵の白描薬師十二神将図には、二種の十二神将図と子神と丑神のみの断片があるが、そのうちの十二神将図のひとつは醍醐寺本の十二支獣に騎乗するものと同じであり、他の一種は醍醐寺本のうち十二支の標幟のないものと同じである。子神と丑神のみの断片は、醍醐寺本の人身獣頭の姿の子神、丑神と同じである。

このように、十二神将に十二支の標幟を添えて表現する方法は多様である。『阿娑縛抄』（大正図、八・一〇四九ページ）にも、おおよそ世間に流布する形像はさまざまで、あるものは頭冠上にそれぞれの当獣を載せ、あるものはそれぞれ当獣に乗り、あるものは（十二支の）眷属をもち、あるものは獣頭人身で器杖を執り、またあるものは、午身が九馬を踏み、未神が八羊を踏むように、時数の獣を踏むと説かれている。『阿娑縛抄』が説く五つの形のうち、眷属を伴う形式以外の四つの形式は、醍醐寺本の標幟を伴う四種の白描図像そのものである。白描図像や図像集では、このように十二支獣を伴った十二神将の多彩な表現が見られるが、現存する作品には頭上に十二支の標幟をいただく姿のものが圧倒的に多い。

十二神将の本地

本地垂迹の説では、衆生済度のために仮の姿をとって現れた神（垂迹神）に対して、その本来の姿である仏、菩薩を本地という。十二神将に対しても、その本地仏が考えられており、『覚禅鈔』や『阿娑縛抄』『白宝口抄』『成菩提集《じょうぼだいしゅう》』などに引用される『一行阿闍梨詮集』の説（表8）が最も一般的である。この『一行阿闍梨詮集』では、十二神将（十二支神）と月将《げっしょう》との対応が示されているのが注目を引く。月将とは、陰陽道で用いる十二月将のことで、日月の会する時や所を表している。正月には、月将は亥にあり、その神名は登明《とうみょう》という。以下、二月将の天魁《てんかい》（一説には河魁《かかい》）は戌に、三月将の従魁《じゅうかい》は酉に、四月将の伝送《でんそう》は申に、五月将の勝光（一説に小吉）は未に、六月将の小吉（一説に勝光）は午に、七月将の太乙《たいいつ》は巳に、八月将の天罡《てんこう》は辰に、九月将の太衝《たいこう》は卯に、十月将の功曹《こうそう》は寅に、十一月将の大吉は丑に、十二月将の神后《じんこう》は子にあるという。十二神将が陰陽道と深くかかわっている証左の一つである。『覚禅鈔』に引く『一行阿闍梨詮集』の説を表にすると、つぎのとおりである。

〈表8〉『覚禅鈔』（四）『一行阿闍梨詮集』の説

順番	方位	名称	月将	十二支神	本地
1	北	金毘羅	微明	亥神	弥勒
2	西	和耆羅	阿魁	戌神	得大勢（勢至）
3	西	彌伽羅	従魁	酉神	阿弥陀
4	西	安陀羅	伝送	申神	摩利支天
5	南	摩尼羅	小吉	未神	観音
6	南	宗藍羅	勝先	午神	虚空蔵
7	南	因特羅	太一	巳神	地蔵
8	東	婆耶羅	天罡	辰神	文殊
9	東	摩休羅	大衝	卯神	薬師
10	東	真陀羅	功曹	寅神	普賢
11	北	照頭羅	大吉	丑神	金剛手
12	北	毘伽羅	神后	子神	釈迦如来（あるいは陀羅尼菩薩）

本地仏に関しては、さらに異説がある。『阿娑縛抄』の巻第四十六には、二月の河魁を

観自在、四月の伝送を得大勢、六月の勝光を栴檀香仏、十一月の大吉を陀羅尼菩薩とする説があげられている。ただし、その他の月に関しては言及がない。

また、『白宝口抄』巻十三には、『一行阿闍梨詮集』の説とは異なる説が三つ掲げられている。そのうちの一つは十二神将との対応を明示していないのでここでは略す。残り二つの異説のうちの一つは、十二神将の名前が隋の達摩笈多訳のそれにやや近いものである。『一行阿闍梨詮集』の説との違いは、迷企羅、安底羅、摩湿羅、安湿羅、因達羅の本地である。表にすれば、つぎのようになる。

〈表9〉『白宝口抄』(三)

順番	名称	方位	季	本地
1	宮毘羅	北	冬季	弥勒
2	跋折羅	中央	土用	勢至
3	迷企羅	西	秋季	観音
4	安底羅	西	秋季	阿弥陀
5	摩湿羅	南	夏季	地蔵
6	安湿羅	中央	土用	摩利支

順番	名称	方位	季	本地
7	因陀羅	南	夏季	虚空蔵
8	波夷羅	中央	土用	文殊
9	摩呼羅	東	春季	薬師
10	真陀羅	東	春季	普賢
11	招度羅	中央	土用	金剛手
12	鼻羯羅	北	冬季	釈迦

『白宝口抄』巻第十三に載せるもう一つの異説は、本地仏を二つずつ書き添えたものである。注記に、ある人の本をもってこれを記したが、本説をしらない、けだし安然和尚の口伝であろうかとある。説くところはつぎのとおりである。

〈表10〉『白宝口抄』(四)

順番	名称	十二支	本地	順番	名称	十二支	本地
1	宮毘羅	寅	金剛手・弥勒菩薩	7	因達羅	申	勢至・地蔵
2	伐折羅	卯	薬師・勢至菩薩	8	波夷羅	酉	弥勒・文殊
3	迷企羅	辰	文殊・四大天王	9	摩虎羅	戌	観音・薬師
4	安底羅	巳	地蔵・観音	10	真達羅	亥	弥勒・普賢
5	頞儞羅	午	栴壇香仏・摩利支天	11	招杜羅	子	釈迦・弥陀
6	珊底羅	未	栴壇香仏・摩利支天	12	毘羯羅	丑	普賢・釈迦

以上、図像集や白描図像などを素材として、十二神将の形、からだのいろ、持ち物、十二支との対応、本地に関する説などを概観した。十二神将については、実にさまざまな説が展開されているが、現存する作品をこれらの説によって名づけたり、説明したりすることは、やはりむずかしかろう。それほどに、作者の自由な裁量により、多様な作品が生み

出されているのである。ここでは、経典や図像集によっても、その意味するところや名前を十分に説明することができない例として十二神将像を取り上げた。

六道の苦しみからの救済

説法する地蔵菩薩

『預修十王生七経』と『発心因縁十王経』

十王図の典拠となった経典は二種類ある。一つは、『閻羅王授記四衆《えんらおうじゅきしじゅう》逆修生七斎功徳往生浄土経《ぎゃくしゅうしょうしちさいくどくおうじょうじょうどきょう》』であり、他の一つは『地蔵菩薩発心《じぞうぼさつほっしん》因縁十王経《いんねんじゅうおうきょう》』である。前者は、略して『預修十王生七経《よしゅうじゅうおうしょうしちきょう》』などとも呼ばれ、後者は同じように『発心因縁十王経《ほっしんいんねんじゅうおうきょう》』『地蔵十王経』と呼ばれている。いずれも唐時代末に成立した偽経《ぎきょう》である。偽経というのは、経典の形式は踏襲しているものの、その梵本《ぼんぽん》の存在が疑わしく、おそらく中国で作製されたと考えられるもの、あるいはインドや西域から伝わったものを加工して、中国で経典の形に整えたもの、また漢文の経典の一部を強調し、拡大して新たな経典に仕立て直したものなどを総称して、こう呼んでいる。『預修十王生七経』も『発心因縁十王経』も、仏教と、西域や中国に流行したマニ教の冥府《めいふ》信仰や道教の信仰、そして民俗信仰などが結合して、中国で成立したと考えられている。

両経は、ともに成都府大聖慈寺の僧である蔵川によって著述されたと伝えられているが、南宋の宗鑑の『釈門正統《しゃくもんしょうとう》』巻四、利生志によれば、その教えのもとは、唐代の僧、道明の冥府における見聞にあるといわれる。道明和尚なる人物は、『仏祖統記《ぶっそとうき》』の巻三十三にも、十王にまみえた人として紹介されるが、この道明和尚が冥界にいたる物語は、スタインによって将来された文書（S・三〇九二）に記された『還魂記《かんこんき》』に詳しい。その概要はつぎのとおりである。襄州開元寺の僧道明が、大暦十三年（七七八）二月八日に突然閻羅《えんら》王のもとに連れていかれ、取り調べを受けたが、それは竜興寺の僧の道明と人違いであることが判明し、やがてこの世に帰されることになった。このとき、道明は、亡者裁断の場に一禅僧が金毛の獅子を連れて現れるのを目撃した。この禅僧が、すなわち地蔵菩薩であり、彼は頭巾《ずきん》を被り、瓔珞《ようらく》を身につけ、錫杖《しゃくじょう》を持って坐り、宝蓮が彼の足を受けていた。また、獅子は文殊菩薩の化身で、地蔵菩薩を補佐していた。冥府より戻った道明は、これらの状況をこの世につぶさに伝え、なおかつ自ら図画に描いたという。先の『釈門正統』

巻四、利生志によれば、この道明の見聞を経典にまとめたのが蔵川、そして図画に表したのが張果老であったと替っている。唐時代末期には、これらの伝説的人物に仮託して語られる、地蔵菩薩と十王を結びつけた民間信仰があったのであろう。それらが、やがて『預修十王生七経』や『発心因縁十王経』という経典の形にまとめられていったと考えられる。

『預修十王生七経』の預修は、逆修《ぎゃくしゅう》ともいい、現世では延命を求め、また死後の自らの冥福を祈って、生前にあらかじめ仏事を修することを意味する。したがって、『預修十王生七経』は、もともとは地蔵菩薩の信仰を背景に、自己のための預修生七斎を勧めるものであったが、これが晩唐から五代にかけて、故人のための追善斎へと転じている。人が死ぬと、中陰、すなわちつぎの生を受けるまでの間に、冥界の十王のもとで善悪の審判にさらされるので、遺族が追善斎を営めば、その功徳で故人を安楽なところに生天させることができるというのである。これが、六朝時代以来、父母への孝養を重視する中国の社会において、孝養のために遺族がなすべき祭礼として、ひろく民衆のあいだに浸透し、流布していった。これは、中国のみならず、朝鮮、日本にまでも影響を及ぼしている。

ところで、『発心因縁十王経』は、元来、日本において撰述されたといわれてきたが、敦煌から将来された十王経図巻の各王の場面は、『預修十王生七経』の簡略な讃のみでは説明しがたく、『発心因縁十王経』の説くところによって描写されたのではないかと考えられる。したがって、この経の祖型もやはり中国で成立し、それが加筆、訂正されて、日本では鎌倉時代以降に流布したとみられている。

敦煌の十王経図巻

敦煌は、中国と西域の接点に位置している。当然ながら、敦煌の絵画のなかには、中国的な要素と西域的な要素が混在している。敦煌の絵画をみると、中国絵画が西域をはじめとする外来の要素をいかに吸収し、消化していったかをつぶさに観察することができる。しかし、一方で、敦煌を中国絵画圏の西の端と位置づけることもできるわけで、種々の事情によって中国の中原地域には残らなかった中国絵画の本来の姿を、敦煌絵画から逆に照らしだすことも可能である。

唐時代末期から五代にかけて、中国国内でも地蔵十王図が盛んに制作されたことは、『図画見聞誌』巻二の王喬士の条の記載にみられるとおりであるが、残念ながらその当時の遺品は残っていない。しかし敦煌には、大きく分けて二種類の十王像が行われ、またその遺品の数も多い。一つは、紙に描かれた十王経図巻、他の一つは絹に描かれた地蔵十王図である。

敦煌から将来された十王経図巻としては、つぎのものが知られている。

1　フランス国立図書館蔵（A）　ペリオ将来（P・二〇〇三）
2　フランス国立図書館蔵（B）　ペリオ将来（P・二八七〇）
3　フランス国立図書館蔵（C）　ペリオ将来（P・四五二三）
4　和泉市立久保惣記念美術館蔵（大阪府）　佐藤汎愛氏将来
5　大英図書館蔵　スタイン将来（S・三九六一）（図27）
6　大英博物館蔵（A）　スタイン将来（スタイン・ペインティング九）
7　大英博物館蔵（B）　スタイン将来（スタイン・ペインティング七八）（図28）

これらは、『預修十王生七経』の経文の一部とそれに対応する図から成っているもの、あるいは図のみで成るものである。いずれも五代から宋時代初めにかけて制作されたものと考えられている。久保惣記念美術館本には、その巻末に「辛未年十二月十日書／画畢年六十八写／弟子董文員供養」という識語があり、この辛未の年を宋の開宝四年（九七一）とみる説もあるが、現在では五代の乾化元年（九一一）とみる説が有力である。

大英博物館本Bは、二つの断片から成るものの、他のものとは異なる図をもっているので、別系統の十王経図巻と考えられる。その他は、どれもほぼ同じ図を備えている。大英博物館本Aは後半部のみの断巻、フランス国立図書館本Cは前半部のみの断巻であるが、

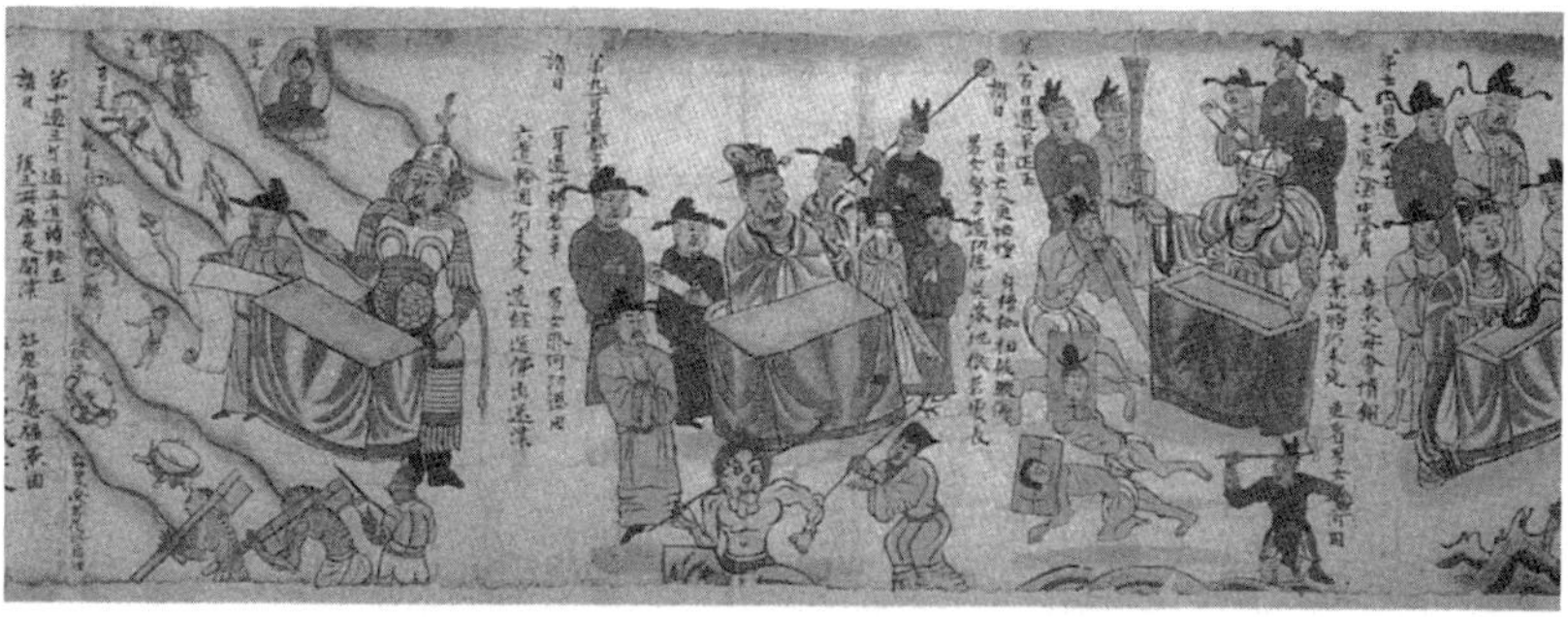

図27　十王経図巻（大英図書館、S. 3961）

図28　十王経図巻（大英博物館、Stein Painting 78）

両者には、人物の顔つきや服制などに共通する要素が認められるので、本来一連のものではなかったかと考えられている。大英博物館本Aは、絵のみで経文はない。久保惣記念美術館本は、巻頭に別の一紙に書かれた仏説地蔵菩薩経が加えられ、巻末には、他にはみられない供養者像と識語などが添えられている。

十王経図巻には、経文の内容に対応して、一般につぎの一四図が表されている。すなわち、説法図、六菩薩図、冥使図、秦広王図、初江王図、宋帝王図、五官王図、閻羅王図、変成王図、太山王図、平等王図、都市王図、五道転輪王図、十斎具足生天図の一四図である。このうち、敦煌で盛んに制作されたもう一方の掛幅仕立ての地蔵十王図と関連してくるのは、巻頭に描かれた説法図である。つぎにその説法図の図様をみてみよう。

十王経図巻の説法図

経典によれば、説法はつぎのようになされた。クシナガラの沙羅双樹のもとで、釈尊が涅槃に臨むに際して、釈尊は閻羅王に対して授記を与えた。閻羅王は将来に普賢王如来という仏になり、その国土は華厳という名で呼ばれ、もろもろの菩薩で充満するという。そのとき、その授記の場には、諸菩薩摩訶薩、天竜神王、帝釈、四天王、梵天、阿修羅王、諸大国王、泰山府君《たいざんぶくん》、司命《しみょう》、司録《しろく》、五道大神、地獄の官典などが参集した。説法図は、この授記の場面を表したものである。当然説法するのは釈尊である。

久保惣記念美術館本では、中央に蓮台に結跏趺坐する釈尊をあらわす。釈尊の背後に沙羅双樹、頭上に天蓋、前面に打敷を掛け、上に香炉と一対の宝瓶を置いた卓がある。釈尊の左右には、三比丘、二童子、十王、四判官がほぼ左右対称に配されている。比丘は蓮台に坐り、十王は敷物の上に坐っている。判官は笏《しゃく》をもって、十王の背後に立っている。各人物には、それぞれ銘札がそえられており、釈尊の向かって左の人物のそれは、「舎利弗《しゃりほつ》智恵第一」「第一陳広王《ちんこうおう》」「第二初江王《しょこうおう》」「第三宋帝王《そうていおう》」「第四五官王《ごかんおう》」「第五（十の誤りか）五道転輪王《ごどうてんりんおう》」「呉《ご》判官」「趙《ちょう》判官」「善悪童子」である。また右の人物の銘札はそれぞれ「大目乾連《もっけんれん》神通第一」「第五七過閻羅王《えんらおう》」「第六変成王《へんせいおう》」「第七太山王《たいざんおう》」「第八平成王《へいせいおう》」「第九都市王」「□□王判官」「崔判官」「道明法師《どうみょうほうし》」である。十王はみな笏をもつ。閻羅王のみは天子の冠である冕冠《べんかん》を着け、他と区別されている。卓の向かって右に合掌して坐す僧は、銘札にあるとおり、道明法師である。先に紹介したスタイン文書（S・三〇九二）の『還魂記』に現れる人物であるが、『預修十王生七経』では一切言及されていない。それにもかかわらずその人物がこの説法の場面に登場するのは、この経典の普及にとって欠かせぬ人物であるとの認識が一般にあったからだと思われる。

フランス国立図書館本Aは、久保惣記念美術館本とほぼ同じ説法図を有する。異なる点は、道明和尚が卓の向かって左におり、その反対側に、二童子にかわって金毛の獅子がいることである。また判官は笏を持たず、合掌している。十王と判官に銘札が添えられているが、書き込みはない。釈尊の向かって右にいる五人の王のうち、最初の王が冕冠を着けているので、この王が閻羅王であることが知られる。

大英博物館本Bは、この説法図があるべき位置に異なった絵が置かれている。まず巻頭に六臂《ろっぴ》の観音菩薩像があり、続いて地蔵菩薩の説法図がある。地蔵菩薩は蓮台に結跏趺坐し、右手に錫杖、左手に宝珠を持ち、頭を頭巾で被っている。前面に香炉と一対の宝瓶を置いた卓がある。地蔵菩薩の左右には、五体ずつの王と、おそらく当初は二体ずつの判官がいたと思われる。この構図は、先の仏説法図の釈尊の位置に地蔵菩薩を置き変えたものにほかならない（図28）。これは敦煌の絹絵の地蔵十王図とほぼ同じ構図である。『預修十王生七経』では、地蔵菩薩は本来、六菩薩図の一つとして立像で登場するのであるが、それが、説法する釈尊の位置に取って代わったということは、この地蔵菩薩こそが、六道の一切衆生を救済する誓願をもつ菩薩であると強調されるにしたがって、経巻の見返しの説法図の主尊へと昇格したと思われる。地蔵菩薩を主尊とする説法図といいうる地蔵十王図の図像の成立には、十王経図巻の見返しにある説法図が関与していることがうかがわれる。

敦煌の地蔵十王図

敦煌では、地蔵菩薩蔵と十王像を一幅にまとめて描いた地蔵十王図が多くみられる。先に、地蔵十王図の構図は、十王経図巻の見返しにある説法図をもとに成立したのではないかと考えたが、実のところ、十王経図巻も地蔵十王図もほぼ同じ時期に制作されており、現存作品からは、その図像の成立の前後を云々することはむずかしい。ただ、地蔵十王図には確たる典拠が見出されておらず、それは『預修十王生七経』の所説が典拠となった十王教図巻の説法図から派生したと考える方が、目下のところ、妥当であろう。

敦煌における地蔵十王図の作例はつぎのとおりである。

阿弥陀浄土および地蔵十王図　ギメ美術館A（EO.3580）　十世紀初め
千手観音坐像および地蔵十王図　ギメ美術館B（EO.1173）　十世紀後半
地蔵十王図　ギメ美術館C（MG.17662）　太平興国八年（九八三）
地蔵十王図　ギメ美術館D（MG.17794）　宋時代
地蔵十王図　ギメ美術館E（MG.17793）　宋時代末期
地蔵十王図　ギメ美術館F（MG.17795）　十世紀後半

観音菩薩および地蔵十王図　ギメ美術館G（EO.3644）　十世紀
地蔵十王図　大英博物館A（スタイン・ペインティング23）　十世紀中ごろ（図29）
地蔵十王図　大英博物館B（スタイン・ペインティング9）　十世紀中ごろ
地蔵十王図　ニューデリー国立博物館A（Ch.28-003）　五代
地蔵十王図　ニューデリー国立博物館B（Ch.00355）　五代　十世紀
地蔵十王図　ニューデリー国立博物館C（Ch.63-002）　五代～宋
地蔵十王図　ニューデリー国立博物館D（Ch.00225）　五代～宋

これらの作例は、おおむね五代から宋時代末期にかけて描かれたものであるが、それらの構図は基本的に同じである。すなわち、中央に地蔵菩薩坐像を描きそのまわりに十王、童子、判官、道明和尚、金毛の獅子などを配し、中尊の背後には六道を意味する六条の雲気もしくは六道の諸相を表す。

この地蔵十王図は、逆修あるいは追善の供養として奉納されたものである。画面の一角に供養の願文をもつものが多い。

朝鮮の地蔵十王図

敦煌の地蔵十王図と構成がよく似た作例が朝鮮においても見られる。その古い作例の多くは、日本にもたらされて残っている。日本には、

図29　地蔵十王図（大英博物館、Stein Painting 23）

かなりたくさんの高麗、李朝の仏画がもたらされているのは、文禄・慶長の役（一五九二〜九八）の折に将来されたのだと一般にいわれているが、はたしてそうであろうか。十一世紀以来、日本の西国の商人たちが、頻繁に高麗と通商していたことが、『高麗史』にみられる。また、十三世紀からは、倭寇《わこう》とよばれる海賊行為の記録もみられる。こういう私的な交易や侵寇の過程で、朝鮮の美術作品が日本にもたらされたのではなかったろうか。朝鮮の地蔵十王図の場合も、この例にもれない。日本に伝来した朝鮮の地蔵十王図の多くは、瀬戸内海を挟んだ山陽道、四国、北九州の地域に残っている。時代的には、高麗時代の末期から李朝時代まで、かなり長期にわたっており、また、かなりまとまった数の作品が伝来しているところをみると、この種の画題の朝鮮仏画に対する需要と高い評価が日本の側にあったことがうかがわれる。

陸信忠《りくしんちゅう》派や日本の十王図が、道服を着た十王と罪を問われる亡者たちを一〇幅に分けて描き、時に地蔵菩薩像の一幅を加えるのとは違って、朝鮮の地蔵十王図は特殊な図様をもつ作品が多い。すなわち、一幅のなかに、地蔵菩薩を中心として、その左右に十王をはじめ種々の人物を、あたかも曼荼羅《まんだら》のように配するのである。

現在、日本に伝来した朝鮮画とされている一幅仕立ての地蔵十王図の作例は、二〇点近くにのぼる。それらを、年紀のあるものとそうでないものとに分けて、ほぼ年代順に列記するとつぎのようになる。

《年紀のある作品》

1　知恩院（京都市）　延祐七年（一三二〇）　高麗時代
2　弥谷寺（香川県三豊郡三野町）　嘉靖二十五年（一五四六）銘　李朝明宗元年
3　光明寺（広島県尾道市）　嘉靖四十一年（一五六二）銘　李朝明宗十七年
4　石手寺（愛媛県松山市）　嘉靖四十三年（一五六四）銘　李朝明宗十九年
5　善導寺（福岡県久留米市）　隆慶二年（一五六八）銘　李朝宣祖元年
6　知恩院（京都市）　万暦三年（一五七五）銘　李朝宣祖八年
7　誕生寺（岡山県久米郡久米南町）　万暦十年（一五八二）銘　李朝宣祖十五年
8　持福寺（徳島県麻植郡鴨島町）　万暦十五年（一五八七）銘　李朝宣祖二十年
9　延命寺（大阪府河内長野市）　万暦十九年（一五九一）銘　李朝宣祖二十四年
10　西大寺（奈良市）　万暦四十五年（一六一七）銘　李朝光海君九年
11　広寿山福聚寺（福岡県北九州市）　乾隆十八年（一七五三）銘　李朝英祖三十年

《年紀のない作品》

12　静嘉堂（東京都）　高麗末期
13　日光寺（岡山県笠岡市）　高麗末期〜李朝前期
14　吉田秀英氏（東京都）　高麗末期
15　華蔵院（山形県）　高麗末期
16　西方寺（奈良市）　李朝時代
17　観音寺（香川県観音寺市）　李朝時代
18　高野山霊宝館（和歌山県伊都郡高野町）　李朝時代
19　蓮光院（香川県観音寺市）　李朝時代

敦煌と朝鮮の地蔵十王図の図像的な類似と相違

朝鮮の一幅仕立ての地蔵十王図の源流は、いったいどこにあるのであろうか。

現存する他の地域の作品にそれを求めると、まず先に述べた敦煌の地蔵十王図がクローズ・アップされてくる。とくに敦煌の宋代の地蔵十王図には、朝鮮の地蔵十王図とよく似たものが見出される。両者に共通する要素としては、つぎの四点があげられる。

まず第一点は、中尊の地蔵菩薩のなかに頭巾を着用した、いわゆる被帽地蔵がみられることである。敦煌の地蔵十王図では地蔵菩薩は必ず頭巾を被っているが、朝鮮画では高麗時代の静嘉堂本（12）、吉田秀英氏本（14）、華蔵院本（15）、李朝時代の広寿山福聚寺本（11）にその作例がみられる。また、西大寺本（10）の地蔵菩薩が、頭巾ではなく宝冠を被っているのは、この被帽のひとつの変形ではないだろうか。朝鮮画における他の被帽地蔵の作例としては、円覚寺の地蔵菩薩像、与田寺の地蔵曼荼羅などがあげられるが、それらは高麗時代末期から李朝時代初期にかけて制作されたものである。静嘉堂本、吉田秀英氏本、華蔵院本もまさにその時代に制作されたもので、時代の下る広寿山福聚寺本になお被帽の姿がみられるということは、むしろ珍しいといえよう。スタインが敦煌から将来した文書（S・三〇九二）に記された『還魂記』によれば、襄州開元寺の僧道明が人間違いで閻羅王庁に連れていかれたとき、亡者を聴断する場に獅子を従えた地蔵菩薩がいることを目撃して、その様子をこの世に伝えるとともに、図画に描いたというが、この道明和尚が冥府から戻って描いた地蔵菩薩が、被帽の姿であったといわれている。

第二点は、十王のうち、五道転輪王だけが甲冑を着けた姿に表されるということである。敦煌の地蔵十王図には、多くこれを認めることができる。朝鮮画では、高麗時代の作例、すなわち静嘉堂本（12）、日光寺本（13）、吉田秀英氏本（14）、華蔵院本（15）にこれがみられる。

第三点は、中尊の地蔵菩薩の頭光より左右に各三条、計六条の光焔《こうえん》が発する様が描かれることである。朝鮮画では、西大寺本（10）にこれがみられる。この六条の光焔は、地蔵菩薩の六道摂化を意味すると考えられ、敦煌においては、西大寺本と同様に六条の光焔のみを表現する場合と、さらに六条の光焔に六道の各相を描き込む場合とがある。光明寺本（3）には二条の光焔、広寿山福聚寺本（11）には四条の光焔が描かれているが、これは単に省略されたというよりも、六条の光焔の意味するところが正確に理解されないままに、単に図柄として残ったのではなかろうか。

第四点として、道明和尚とともに金毛の獅子が描かれていることがあげられる。道明和尚および金毛の獅子は、先述したスタインの敦煌将来文書（S・三〇九二）の『還魂記』に登場する。朝鮮画では、道明和尚はすべての作例に描かれているが、金毛の獅子は、持福寺本（8）、西大寺本（10）、吉田秀英氏本（14）に見出される。

このように、敦煌の地蔵十王図と朝鮮の地蔵十王図には、いろいろと共通する要素が多い。類似点だけを取り上げてみると、いかにも敦煌画が朝鮮の地蔵十王図の源流であったと思われるかもしれないが、必ずしもそうとばかりはいえまい。たとえば、頭巾を被った地蔵菩薩であるが、これは敦煌だけにみられるものではない。端拱元年（九八八）に北宋の常謹が編んだ『地蔵菩薩霊験記』によれば、後晋の天福年間（九三六〜九四三）に西域から被帽の地蔵十王図が伝えられたという。確かに、被帽地蔵の作例は、敦煌よりも西のトルファンのヤール・ホトからも発見されている。また、反対に中国の南部にも被帽地蔵の作例がみられる。たとえば、現在の雲南省の地域に建国された大理国で十二世紀末ごろに描かれた「梵像図巻」、四川省の大足石窟の宋代彫刻などにもそれがみられる。唐時代末期や五代に、中国で地蔵十王図が盛んに制作されたことは、『図画見聞誌』巻第二、五代の王喬士の条の記載にみられる。こうした中国における地蔵十王図の盛行が朝鮮にも波及し、そのなかに被帽の姿の地蔵があったのだと考えたほうがよいであろう。

さらに、朝鮮の地蔵十王図のなかには、現存する敦煌の地蔵十王図だけをもってしては説明できない図像もある。それは、頭光を有する戴冠《たいかん》の王である。彼は、多くの場合、他の十王とほぼ同じ衣服を身に着けているが、頭光によって他とは区別され、あたかも中尊の地蔵菩薩の脇侍としての役目を果たすかのように、道明和尚と対峙している。この人物を描く他の作例としては、先述した円覚寺の地蔵菩薩像や与田寺の地蔵曼荼羅がある。この人物を閻羅王、すなわち閻魔王と解する説もあるが、そうすると朝鮮の地蔵十王図には閻魔王が二体描かれるということになるではないか。この戴冠の姿の王を、朝鮮では、無《む》毒鬼王《どくきおう》と解しているようである。これは、高橋亨氏が『李朝仏教』ですでに指摘している し、たとえば、現在韓国の全羅南道順天郡の松広寺にある地蔵幀についても、崔淳雨氏、鄭良謨氏は同様に解している。また、建仁寺両足院が所蔵する「万暦三年乙亥六月日羅州錦城山開刊伝於潭陽龍泉寺留干」などの刊記をもつ冊子本の十王経では、笏を持つ王の立像を無毒鬼王としている。無毒鬼王というのは、『地蔵菩薩本願経』の巻上、忉利天宮《とうりてんきゅう》神通品に登場する王で、その王の前世は、地蔵菩薩の化身である婆羅門女と地獄について論じ合った財首菩薩《ざいしゅぼさつ》であったという。地蔵菩薩と関係の深い人物であり、地蔵十王図に登場しても不思議はないといえよう。この無毒鬼王は、他の地域の十王図には見られない。『地蔵菩薩本願経』に現れる人物を表現している点に、朝鮮の地蔵菩薩信仰の特色ある展開がうかがわれるように思われる。

つぎに、京都・知恩院および山形・華蔵院が所蔵する高麗時代の地蔵十王図を例にとって、朝鮮の地蔵十王図の特色をみてみよう。

高麗時代の地蔵十王図の日本での改変

京都の知恩院に、地蔵本願経変相図と名づけられた高麗時代の絹本《けんぽん》の地蔵十王図が所蔵されている。現状での本紙の寸法は、縦が一五六・一センチ、横が八五・一センチであるが、画面の上方約五分の二の部分と下辺部分が欠失しており、現在残っている本来の画面の寸法は、縦が八九・〇センチ、横が八二・三センチほどである。本来の画面と認められるのは、地蔵菩薩の膝部より下に描かれている二天、二菩薩、十王を含む眷属の部分である。補彩部分の中央に地蔵菩薩がいるが、地蔵菩薩はまったく日本風の姿に改められている。すなわち、頭は禿頭に表され、右手に錫杖をもち、左手に宝珠をもつ。もとの地蔵菩薩が完全に欠けていたために、自由な裁量で新しく日本風の地蔵菩薩を書き加えたのであろう。地蔵菩薩の向かって右脇に三菩薩、左脇に一菩薩と兜《かぶと》を着けた一人物も同じく補筆されたものであるが、これは日本風というよりは、むしろ李朝時代の地蔵十王図の一部に認められる六菩薩を髣髴《ほうふつ》とさせる図柄である。知恩院には、本図の他にも、李朝時代の万暦三年（一五七五）以降、万暦五年（一五七七）までに制作されたと推定される地蔵本願経変相図があるので、傷んだ高麗仏画を修理するにあたって、この李朝絵画が参照されたのかもしれない。傷んだ高麗仏画を日本の画風で補修し、保持した珍しい例である（図30）。

本図はこのように傷みの多い絵ではあるが、年紀を有する点で貴重である。本図の右下隅に金泥で「延祐七年正月日画　□□保（剝落）兼繕工寺丞金（以下欠）／完山郡夫人李（以下欠）」と記されている。延祐七年（一三二〇）は、高麗の忠粛王の七年にあたり、現存する高麗仏画では、奈良の松尾寺の阿弥陀八大菩薩図が同じ延祐七年の年紀をもっている。完山郡夫人李某の名が記されているところからみて、高麗の宮廷の周辺で制作された仏画であると考えられる。

華蔵院の地蔵十王図の図像と制作年代

この知恩院蔵の地蔵十王図が本来はどういう図柄であったかを推測させる作品がある（図31）。山形県寒河江市の華蔵院《けぞういん》が所蔵する地蔵十王図がそれで、縦一一五・〇センチ、横五八・八センチの絹地に描かれている。中尊は頭巾を被った地蔵菩薩で、胸前にあげた右手は第一指と第三指を拈《ねん》じ、同じく胸前にあげた左手には透き通った宝珠を持っている。袈裟や大衣の下に下着を重ね着して、ほとんど胸をあらわにしておらず、またおそらく結跏趺坐しているのであろうが、その足部も衣や下着に覆われている。彼は、竜頭の飾りのついた後屏のある方形の台座に正面向きに坐し、頭光《ずこう》と身光《しんこう》の二重の光背を負っている。地蔵菩薩を囲む眷属のうち、頭光を有するのは七体である。うち二体は菩薩形で、向かって左の菩薩は三眼を有し、右の

図30　地蔵十王図（知恩院）

図31　地蔵十王図（華蔵院）

図32　地蔵十王図（華蔵院）

菩薩は白毫《びゃくごう》を有しているが、ともに宝珠をあしらった頭飾を被り、互いに向きあって合掌している。天部形の四体は四天王であるが、向かって右上の天部は左手に幡《ばん》のついた戟《ほこ》、右手に宝塔をもつことから、多聞天《たもんてん》と知られる。右下の天部は両手で幅広の剣を持ち、左下の天部は宝棒らしきものを持ち、左上のそれは右手に幡のついた戟、左手は掌を上にして、第一指と第三指で金色の珠をつまんでいる。僧形の人物は『還魂記』に記される道明和尚である。この道明と相対する位置にいる王形の人物は身毒鬼王で、頭光は有していないが、両手で箱状のものを捧げており、同じ姿の他の王が笏を持っているのと区別されている（図32）。この身毒鬼王を含む八体の眷属の外縁に十王が配置されている。そのうち八体までは同じような格好をしているので、どの王にあたるのかを明らかにすることはできないが、敦煌から将来された地蔵十王図や十王経図巻に照して、向かって右下の冕冠を被った王は閻羅王、左下の甲冑を着用した王は五道転輪王と判断し得る。以上の登場人物に判官と使者を加えたものが、高麗時代に通行の地蔵十王図の図柄であるが、本図の前面にはさらに一四体の判官もしくは使者、二体の童子、牛頭《ごず》や馬頭《めず》など一〇体の異形人物がびっしりと描かれている。

知恩院本のオリジナルと認められる部分の図柄と華蔵院本のそれとを比較すると、三眼を有する菩薩と白毫を有する菩薩がその位置を逆にしている点を除けば、ほとんど一致することが知られる。また、両者とも白色の裏彩色を多用する技法、二菩薩や二童子の肉身部に朱の具を用い、肉身線は墨線の上に朱線を重ねてひく技法、眷属の着衣に朱、朱の具、白群、緑青などを用い、その衣文線は墨線の下描きにそって金泥線でくくる技法、文様を金泥で細かく描き込む技法などが共通していることがわかる。華蔵院本には年紀がないので、正確な制作年代はわからないが、おそらく知恩院本が制作された延祐七年（一三二〇）よりさほど遅れることのない十四世紀前期の作と考えてよかろう。

華蔵院本の特異性

従来、高麗時代の地蔵十王図の作例としては、静嘉堂文庫本（12）、日光寺本（13）、吉田秀英氏本（14）、ベルリン東洋美術館本（ドイツ）、湖林美術館本（韓国）の存在が知られてきた。それらの作例と華蔵院本とを比較すると、華蔵院本がかなり特異な図像をもつ作品であることがわかる。つぎに、その特異と思われる点を掲げてみよう。

一、高麗時代の地蔵十王図には、地蔵菩薩が頭巾を被った姿に表される場合と比丘形、すなわち剃髪した姿に表される場合とがあり、日光寺本は地蔵菩薩が剃髪した姿に表された例である。しかし、地蔵菩薩が頭巾を被った姿に表現される場合には、その頭巾によって耳を隠している例はなく、高麗時代のその他の地蔵菩薩像、さらに李朝時代の作品を含めて考えてみても、そのような例は思い浮ばない。華蔵院本の地蔵菩薩が頭巾によって耳を覆っているのは、きわめて珍しい例といえよう。ちなみに同じく被巾姿の地蔵菩薩像が多くみられる敦煌では、ギメ美術館蔵の一本（ＭＧ・一七七九四）だけが耳をあらわにしているが、他の例は皆、頭巾で耳を覆う形に描かれている。

二、高麗時代の地蔵十王図の中尊である地蔵菩薩の印相や持物に関しては、地蔵菩薩が被巾の姿であれ、剃髪した姿であれ、一つの決まった形に表現されている。すなわち、右手は掌を上に向けて肩の高さに挙げ、宝珠を執《と》り、左手は垂らして左膝頭にあてている。ところが、華蔵院本はそれらとまったく異なり、右手は第一指と第三指を拈じ、左手に宝珠を執っている。李朝時代の地蔵十王図では、地蔵菩薩は錫杖と宝珠を執ることが多いので、華蔵院本はこれともまた異なっている。

三、高麗時代の他の作例では、中尊の地蔵菩薩は皆、蓮台に半跏に坐す姿、すなわち左脚を垂下させた姿に描かれている。華蔵院本は、大衣や下着に脚が隠されているために正確な形は把握できないが、両膝部の衣褶《いしゅう》の表現から判断して、おそらく結跏趺坐していると考えられる。李朝時代の地蔵十王図には結跏趺坐する地蔵菩薩が多く現れるが、高麗時代ではこの華蔵院本、そして知恩院本にしか見出すことができない。

四、高麗時代の地蔵菩薩は、一般に袈裟、大衣、内衣を着用するものの、胸の部分はあらわになっていて、そこに瓔珞《ようらく》を飾っている例がほとんどであるが、華蔵院本の地蔵菩薩は袈裟、大衣、内衣の下に、さらに右前に合せた下着を重ね着して、胸部を隠している。ある意味では、異様に厚着をしている姿になっていて、このような着衣の地蔵菩薩は、高麗時代にも、李朝時代にも他に例をみない。また敦煌の地蔵菩薩像、地蔵十王図にもこのような着衣の例は見出しがたい。

五、他の高麗時代の地蔵十王図、あるいは地蔵菩薩像に後屏のある宝座が描かれた例はない。他の作例では、蓮台が用いられている。ちなみに李朝時代の地蔵十王図には、方形の台座に地蔵菩薩が結跏趺坐している例は多いが、やはり華蔵院本のように後屏を描いた例はみられない。後屏を描いた例といえば、京都の聖沢院《しょうたくいん》所蔵の摩利支天《まりしてん》像が思い起される。華蔵院本と同じように後屏の両角に竜頭の飾りがあるが、竜の下顎にさらに玉飾りの鐶が掛かっている。またその宝台には肘かけがあり、肘かけの先端部に同じく玉飾りの鐶をくわえた鳳凰の頭の飾りがみられ、より精巧な表現となっている。この摩利支天像はその精巧さからみて、おそらくは国家的な修法の本尊となった画像であろうが、華蔵院本と同じ十四世紀前期に制作されたと考えられるところから、後屏をもつ宝座を表すことは、一般的ではなかったとはいえ、この時期のひとつの流行であった可能性は否定できない。

六、高麗時代の地蔵十王図は、基本的に中尊の地蔵菩薩とそのまわりの二菩薩、四天王、道明、身毒鬼王、判官、使者でもって構成されている。静嘉堂文庫本のように判官が二体になる例、ベルリン東洋美術館本や吉田秀英氏本のように金毛の獅子が加わる例もみられるが、基本構成は変わりがない。華蔵院本、そして知恩院本の場合には、さらに二童子、一四体の判官もしくは使者、一〇体の異形の人物（牛頭、馬頭、虎頭など）が加わっている点が異例である。登場人物が多くなるのは、李朝時代の地蔵十王図の一部にみられる特徴ではあるが、その場合には、画面の前面を道明、身毒鬼王、十王などが占めており、華蔵院本、知恩院本のようにこれら追加された登場人物たちが前面に配列されることはない。

特異性の由縁

以上、華蔵院本、そして知恩院本にみられる特異な図像についてふれてきたが、比較の対象となった他の高麗時代の五点の地蔵十王図もその画風や技法的な特徴からみて、十四世紀前期の制作と考えられる以上、華蔵院本と知恩院本の図像の特異性を制作年代の差に帰させることはできまい。では何に起因するのか。筆者は、その一つの要因は、元との交流によるラマ教の要素の侵入ではないかと考える。

高麗の忠粛王の七年は、中国に元王朝が成立してすでに五〇年が経過した時期にあたる。至元七年（一二七〇）に元と講和を結んで以来、高麗は政治的にも、文化的にも元の影響下にあった。吐蕃《とばん》僧四人が高麗に来たのは、至元八年（一二七一）、高麗元宗の十二年の八月が最初であるが、以後はしばしば吐蕃のラマ僧が高麗に入国しており、高麗の宮廷の周辺の人々はラマ教の儀式に接することは多かったと考えられる。華蔵院本の地蔵菩薩像は、当時の一般的な地蔵菩薩像とは異なった着衣形式を示しているが、この異様ともいえる重ね着の姿は、当時の高麗の習俗を写したとも考えがたく、当時接する機会があったラマ僧の姿にヒントを得て、表現されたのではないかと推測される。あるいはまた、吐蕃の祖師、たとえばパドマサンババ（Padmasanbhava, 蓮華生《れんげしょう》上師《じょうし》）像のような祖師の画像が伝えられたのかもしれない。いずれにしても、この図像が元文化の影響下で生まれたのは間違いあるまい。

高麗仏画は、十四世紀に変質したといわれる。彩色の調和、流麗な描線、動的な姿態などによって柔らかで自然な形式に描かれていた仏画が、十四世紀になると、さまざまな文様と金泥を多用した装飾的な傾向を示すようになる。知恩院本と同じ延祐七年（一三二〇）の年紀をもつ松尾寺所蔵の阿弥陀八大菩薩図がまさにその傾向を顕著に示す作品であり、ここに紹介した知恩院本と華蔵院本もまた同様の傾向を示す作品に他ならない。知恩院本は年紀を有する高麗仏画の作品として、また華蔵院本は元時代の文化の影響を受けた特異な図像を伝える地蔵十王図として貴重であるため、ここに紹介する。

餓鬼に食を施す

観音教寺の施餓鬼図

千葉県山武郡芝山町の観音教寺に施餓鬼《せがき》の場面を表した中国画が伝えられている。絹本著色の掛幅で、寸法は縦が一五九・九センチ、横が七四・一センチである。継ぎのない一幅の絹に描かれている。中央の餓鬼像と上部の円相内の観音菩薩像の間に、「天監御筆」という朱文の方形の印があるが、その他の落款や印章は見られない。黒漆塗りの箱に収められ、その蓋表に貼られた紙に「地獄餓鬼草紙」と墨書されている。

施餓鬼の場面の典拠となる経典は、中国・唐時代の不空（七〇五～七七四）が訳した『仏説《ぶっせつ》救抜《くばつ》焔口《えんこう》餓鬼《がき》陀羅《だら》尼経《にきょう》』（大正蔵、二一・四六四ページ～）、もしくは同経の異訳である唐代の実叉難陀（六二五〜七一〇）訳の『仏説《ぶっせつ》救抜《くばつ》面然《めんねん》餓鬼《がき》陀羅尼《だらに》神呪経《じんしゅうきょう》』（大正蔵、二一・四六五ページ〜）である。その内容は、『救抜焔口餓鬼陀羅尼経』によればつぎのとおりである。釈尊が迦毘羅（カピラヴァストゥ）城の尼倶律那僧伽藍に在ったとき、焔口餓鬼が阿難のもとを訪れ、阿難の命が三日後に尽き、餓鬼のなかに転生するであろうと告げた。しかし、もし阿難が、明日、多くの餓鬼、婆羅門、仙人などに摩伽陀《まがた》国所用の斛《こく》でもって一斛の飲食を施し、かつ焔口餓鬼のために三宝を供養するならば、阿難は増寿を得、焔口餓鬼は餓鬼の苦を離れて、天上に生まれることを得るであろうと述べた。驚いた阿難が、釈尊を訪ね、教えを請うと、釈尊は過去に観世音菩薩の所、および世間自在威徳如来《せけんじざいいとくにょらい》の所で得たという無量威徳自在光明殊勝妙力《むりょういとくじざいこうみょうしゅしょうみょうりき》という陀羅尼を告げ、この陀羅尼を誦《そらん》ずれば、餓鬼や婆羅門、仙人に種々の飲食を施すことが可能となり、もろもろの餓鬼は苦身を離れて天上に生まれることができるであろうと説いた。

本図（図33）はこの『救抜焔口餓鬼陀羅尼経』の内容によってほぼ説明することが可能である。図相はつぎのとおりである。中央に青色の餓鬼がおり、岩の上に結跏趺坐《けっかふざ》している。赤い腰衣を着け、腰の周りにさらに白い布を巻き、その上をベルトと白い布帯で止めている。白い帯の端は長く前に垂らしている。右手は胸前で第一指と第三指を拈《ねん》じ、左手

図33　施餓鬼図（観音教寺）

は腹前で掌を上にして第四指と第五指を屈している。大きく開いた口の中は赤く塗られ、口の左右に火炎を吐き出している。目を大きく開き、額にドクロの飾りをつけている。頭頂部はあらわになっているが、側頭部には赤い髪束があたかも火を発するかのようにのびている。青い上体は痩せ細って肋が浮き上がっているが、腹部だけは大きくふくらんでいる。その部分は赤く塗られ、赤い血管の筋が浮き出ている。瓔珞《ようらく》や腕釧《わんせん》を身につけ、瓔珞には赤い布が結びつけられている。緑色の天衣をまとっている。餓鬼の向かって右脇に青色の瑠璃椀があり、その中に金色の水瓶が置かれ、緑青色の楊柳がさされている。その脇に幟が立っている。この餓鬼の様子は、『救抜焰口餓鬼陀羅尼経』の「其形醜陋《しゅうろう》身体枯瘦《こそう》。口中火然咽如針鋒。頭髪蓬乱爪牙長利甚可怖畏」という記述にふさわしい表現になっている。

餓鬼像の上方に径二〇・三センチの円相があり、なかに観音菩薩の坐像が描かれている。岩の上に草の筵《むしろ》を敷き、その上に坐っている。左膝を立て、右手を垂下させ、左手を膝に載せている。その左手は掌を下にして、五指をのばしている。額に紫色の花冠をつけている。右脇に白色の冊子を積んでいる。表現の形式は、観音菩薩があたかも餓鬼の本地仏であるかのような印象をあたえるが、『救抜焰口餓鬼陀羅尼経』にはそのような記述は見られない。『救抜焰口餓鬼陀羅尼経』に、釈尊が前世に婆羅門であったとき、観世音菩薩の所、および世間自在威徳如来の所において、この陀羅尼を受けたとあることから、本図に観世音菩薩を登場させるのがふさわしいと考えたと解釈することは可能であろう。しかし、日本の施餓鬼と非常に近い中国の仏教儀礼である瑜伽焰口《ゆがえんこう》では、面然鬼王《めんねんきおう》（焰口餓鬼《えんこうがき》）は観音菩薩の化身であると認識されているという。このような中国の仏教儀礼における認識が、本図に反映されていると考えるほうがよりふさわしいではなかろうか。

　餓鬼の前には朱色の棚があり、その上に三種の食物を盛り上げた椀を置いている。それぞれの食物に朱と青の三角旗を多数差している。多くの飢えた人々が、それぞれの椀から食物をかすめ取ろうとしている。また、焰口餓鬼の向かって右脇に墨の雲気を表し、その雲気の間に天上へと昇り行く三列の人影を墨で表している。これは、食を受け、飽満し、餓鬼の身を捨てて、天上に生まれようとする無数の餓鬼たちの姿であろう。

　また、画面の向かって左下に法師たちがいる。法師は右手に八鈷《はっこ》の金剛杵《こんごうしょ》を持ち、左手に金剛鈴を持っている。その前の卓に赤い布を敷き、その几上に金色の瓶や香炉、燭台、如来の坐像を置いている。脇に、ふたりの僧形の従者を連れている。おそらくこれは、三宝を供養する阿難を表したものであろう（図34）。本図に押された「天監御筆」の朱印の

図34　施餓鬼図（観音教寺）

図35　孤魂図（山西省宝寧寺）

印文は、中国では梁の武帝が天監四年（五〇五）にはじめて水陸会《すいりくえ》（水陸斎）とよばれる法会を修したと考えられていることから、この年号に由来するものと思われる。ただし、その制作年代を示すものではない。本図の制作年代は、明時代、十六世紀ころと考えられる。

水陸画

観音教寺の一幅がどのような経緯で日本に伝来し、日本においてどのような法会に用いられたかは明らかではない。しかし、本図が中国において本来どのように用いられたかを推定することは可能である。山西省右玉県の宝寧寺に明時代に制作されたとする一三九幅の絹本著色の水陸画が保管されており、そのなかに本図に近似した図がある。「孤魂《ここん》」図とよばれるもので、縦一一八チセン、横六〇・五チセンの絵である。中央に岩上に結跏趺坐する焔口餓鬼、その上に円相内に坐す観音菩薩、前に施食の棚、そのまわりに飢えた人々、焔口餓鬼の背後に天上へと上る餓鬼を配する点は、本図とよく似ている（図35）。

水陸会、あるいは水陸斎と呼ばれる法会は、施餓鬼会の一種ではあるが、道教、仏教の諸神を普《あまね》く招き、その諸神の力によって、もろもろの鬼を供養し救済しようとするものである。この水陸会に用いられるのが、水陸画であり、参集する仏教、道教の諸神や救済される立場の衆生や鬼類が描かれる。この水陸画では、「起教《ききょう》大士《だいし》面然《めんねん》鬼王《きおう》」と題されて、餓鬼たちを引き連れ、合掌して行進する面然餓鬼がしばしば描かれる。たとえば、山西省の青竜寺腰殿に描かれた元の至元二年（一三三六）の壁画、河北省の毘盧寺後殿（毘盧殿）に描かれた明代の壁画、そして宝寧寺の絹本著色の画の中にそれが見出される。しかし、これらの画像は斜めを向いた立像であり、説話性にも乏しく、本図とは基本的に異なる。

しかし、宝寧寺本には、先に述べたとおり、「孤魂」と題するもう一幅の餓鬼図がみられる。青竜寺や毘盧寺の壁画にこの形式の餓鬼図がみられないのは、この形式の餓鬼図が後から加えられたからであろう。では、本来はどのような目的に使われたのであろうか。この形式の餓鬼図は、瑜伽焔口という儀礼の本尊画であったのではなかろうか。焔口餓鬼（面然餓鬼）が正面向きに大きく表され、あたかも礼拝のための本尊のような印象をあたえるのはそのためである。また、観音教寺の幅や宝寧寺の幅には、画中に観音菩薩が描き加えられているが、これには、焔口餓鬼は観音菩薩の化身であるという瑜伽焔口の儀礼における認識が反映されていることは先に述べたとおりである。したがって観音教寺の一幅は、本来は瑜伽焔口という儀礼の本尊画であったか、あるいは、水陸画のなかの一幅であったと考えられる。

同じように、あらゆる孤魂に食を施し、苦から解脱させて極楽往生させようとする画が朝鮮にある。甘露幀《かんろてい》とよばれるもので、餓鬼に聖なる食物、すなわち甘露を施す場面が細かく描かれている。現存する甘露幀の画面形式は多様であるが、おおむね画面の下段には、六道の様子が細かく描写されている。また、なかには、種々の食物が盛られた施食台を置き、その前に餓鬼の立像をやや大きく配しているものもある。施食台の周辺には、読経、梵唄《ぼんばい》する衆生を、あたかも儀式に参列するかのように表している。上部には、七仏や阿弥陀如来、観音菩薩、引路菩薩などが大きく描かれており、下段の欲界にいたすべての者たちが、彼らに引導されて極楽に往生するかのようである（図36）。

朝鮮の甘露幀

この朝鮮の甘露幀は、水陸斎をはじめとする霊魂を救済し、昇天させるための儀式に用いられたものであり、その意味では、中国の水陸画と同じ性格のものである。図像的にも、一部分は中国の水陸画と似通うところもみられるが、登場する諸仏、諸神が、施食という儀式を中心に総合的にまとめられている点が特徴的である。また、読経、梵唄する衆生をも登場させるのは、あたかも現実に行われている儀式を目の当たりにするかのようである。このように甘露幀が水陸斎、七七斎など、朝鮮で盛んに行われた薦度の儀式を反映した作

図36　甘露幀（韓国・湖巌美術館）

画である。

日本では、水陸会なる名称はほとんど用いられず、単に施餓鬼と称することが多かったようである。中国からもたらされた施餓鬼の図は、日本の法会の場ではたして用いられることがあったのだろうか。おそらく、その可能性は少なかろう。

あとがき

本書は、本来、仏画に表された仏教の世界観について述べるはずであったが、その仕事は筆者の能力に余るものであったため、むしろ仏画を素材として、仏画の世界の多様性を示すとともに、その楽しみ方を提示することになった。当時、筆者は、ある大学の教育学部において、東アジア美術の図像学の題名のもとに、本書で取り上げたのと同じ地域の仏画の内容や絵画的な技法、制作の社会的な背景などについて論じていた。受講生は、美術教育を学ぶ学部の三年生、四年生が中心であったが、彼らは意外に仏教や仏教絵画について知るところが多くなかった。最近は、大学生といえども、仏教に関して基本的な常識を持っていないらしい。いきおい、仏画の内容について詳しく述べることになり、その仏画の微妙な描線や彩色の妙味については、十分に伝えることができなかった。

ただし、仏画に何が描かれているかを知ることは、仏画理解の第一歩である。本書においても、そのために仏画の主題や内容に関する記述が多くなっている。反面、仏画を味わい、たのしむという点については成功していないのではないかと懼《おそ》れている。

ところで、筆者の本来の関心は中央アジアの仏画である。中央アジアは東西の文化が錯綜した地域である。そうした状況のなかにあって、中央アジアの美術の作者たちは、どのようにして、その美術の独自性を獲得していったか、言葉をかえれば、彼らは、他の地域の美術からどの部分を受け入れ、それをどのように変容させていったのかという問題に強い関心をもっている。この関心から、中央アジアの仏画を他の地域の作品と比較し、考察することが多い。一般的に、この問題に関しては、以前は中央アジア美術にみられる他の地域の美術の影響の存在を指摘するにとどまっていたが、最近は、美術の受容とその変容の問題を扱う例がふえてきた。

中央アジアへの関心の例にとどまらず、最近は美術作品の受容の問題に強い関心が寄せられている。一方で、新しい資料の紹介が相ついでおり、これによって、他の地域からの影響の問題や受容の問題に関する考察はさらに精緻になりつつある。たとえば、本書で取り扱った福岡の本岳寺の釈迦誕生図は、そのものの存在はかなり古くから知られていたが、それが日本の仏画に影響を及ぼしていた事実は、近年、滋賀の小松寺などにおいて、本岳寺本を写した手彩色の木版画が見出されたことによって確認された。このような例は、今後もさらに続くのではないだろうか。

この本岳寺の釈迦誕生絵は、筆者が大学院生のころに学部の学生たちと一緒にグループ研究の素材として取り組んだ作品である。典拠となった経典の捜索については、現在佐賀県庁の文化課に勤める松本誠一氏が熱心に担当してくれた。今回、松本氏の許可を得て、一部を書き改めて再録させていただいた。思い返せば、学生時代から仏画の内容に関する関心が強く、以来同じような姿勢で仏画の調査や研究にかかわってきた。少しも変わっていないのにおどろくとともに、少しはじらいも覚える。今回ここに収めた文章も、研究の成果というよりはむしろ長めの作品解説といった形のものが多い。それが筆者の能力の限界であろうと考えている。

本書で取り扱った仏画は、筆者がかつて調査したものであるが、その考察に関しては、先学の研究成果に負うところが大きい。とりわけ佐賀県教育庁文化財課の松本誠一氏、東京大学名誉教授秋山光和博士、東京国立文化財研究所の井手誠之輔氏には多くを教わった。御礼を申し上げたい。

二〇〇〇年十一月

中　野　照　男

参考文献

〔朝鮮の釈迦誕生図〕

高橋亨『朝鮮思想史体系・李朝仏教』一九二九年十月、大阪宝文館

熊谷宣夫「朝鮮仏画徴」『朝鮮学報』四四、一九六七年七月

熊谷宣夫「九州所在大陸伝来の仏画」『仏教芸術』七六、一九七〇年七月

崔淳雨・鄭良謨『韓国의仏教絵画―松広寺―』国立博物館特別調査報告書第三冊、一九七〇年十二月

平田寛「九州の朝鮮仏画」『西日本文化』一〇〇、一九七四年四月

中野照男・松本誠一「蓮池本岳寺の仏伝図（釈迦誕生絵）」『MUSEUM』三一七、一九七七年八月

〔シルクロードの仏伝図〕

Grünwedel, Albert. *Altbuddhistische Kultstätten in Chinesisch-Turkistan*, Berlin 1912.

Le Coq, Albert von und Waldschmidt, Ernst. *Die Buddhistische Spätantike in Mittelasien*, Bd. VI, Berlin 1928.

Bhattacharya, Chhaya. *Art of Central Asia*, Dehli 1977.

丁明夷・馬世長「キジル石窟の仏伝壁画」『中国石窟　キジル石窟三』一九八五年三月、平凡社

宮治昭『涅槃と弥勒の図像学』一九九二年二月、吉川弘文館

中川原育子「キジル第一一〇窟（階段窟）の仏伝図について」『密教図像』一四、一九九三年十二月

〔法隆寺金堂壁画〕

滝精一「法隆寺金堂の壁画に就て（上）（下）」『国華』三一五、三一六、一九一六年八、九月
福井利吉郎「法隆寺壁画の主題に就いて（一）（二）（三）（四）（五）」『芸文』八―二、三、六、七、一一、一九一七年二、三、六、七、十一月
源豊宗「法隆寺の壁画」『美』一七―一一、一九二六年六月
内藤藤一郎「法隆寺壁画四仏浄土変考」『東洋美術』九、一九三一年四月
春山武松『法隆寺壁画』一九四七年一月、朝日新聞社
小林太市郎「法隆寺金堂壁画の研究」『仏教芸術』三、一九四九年三月
村田治郎「金堂壁画の研究史」『法隆寺の研究史』一九四九年十月、毎日新聞社
久野健「法隆寺壁画研究史」『国華』六九一、六九二、六九四、六九五、六九六、六九八、六九九、七〇三、一九四九年十、十一月、一九五〇年一、二、三、五、六、十月
水野清一『日本の美術4　法隆寺』一九六五年八月、平凡社
亀田孜「法隆寺金堂の壁画」『法隆寺　金堂と壁画』一九六八年九月、朝日新聞社
柳沢孝「金堂の壁画」『奈良の寺8　法隆寺　金堂壁画』一九七五年二月、岩波書店
松原智美「法隆寺金堂壁画の主題―四大壁は四方浄土か―」大橋一章編『論争奈良美術』一九九四年四月、平凡社
松原智美「法隆寺金堂壁画に関する一考察―四大壁壁画の主題を中心として―」『仏教芸術』二一八、一九九五年一月

肥田路美「法隆寺金堂壁画に描かれた山岳景の意義」『仏教芸術』二三〇、一九九七年一月〔此岸から彼岸へ渡る〕
石田尚豊「浄土を照射する一条の光『二河白道図』」『絵画の発見〈かたち〉を読み解く19章』一九八六年五月、平凡社（『日本美術史論集―その構造的把握―』一九八八年二月、中央公論美術出版）
中野照男「人間の宿命―二河白道の思想」『別冊近代の美術　仏像を旅する「北陸線」』一九八九年十月、至文堂
加須屋誠「二河白道図試論―その教理的背景と図様構成の問題―」『美術史』一二七、一九九〇年二月〔十二神将のかたちと役割〕
戸部隆吉「新薬師寺の十二神将と新薬師寺の造立に就て」『美術之日本』一三―三、一九二一年三月
堤重男「薬師十二神将の一考察」『密教研究』六七、一九三八年九月
久野健「新薬師寺の十二神将像について」『美術研究』二八一、一九七二年十月
錦織亮介「玄証本薬師十二神将図小考」『哲学年報』三二、一九七三年三月
林温「桜池院蔵薬師十二神将と薬師如来画像―南都仏画考二―」『仏教芸術』二〇二、一九九二年七月
中野照男『十二神将像』日本の美術、三八一、一九九八年二月〔説法する地蔵菩薩〕
松本栄一『燉煌画の研究・図像篇』一九三七年三月、東方文化学院東京研究所
上田英次「地蔵十王図」『大和文化研究』六、一九五四年八月
禿氏祐祥・小川貫弌「十王生七経讃図巻の構造」『西域文化研究第五　中央アジア仏教美術』一九六二

年三月、法蔵館
河原由雄「敦煌地蔵図資料」『仏教芸術』九七、一九七四年七月
中野照男「朝鮮の地蔵十王図について—日本伝来品を中心として—」『仏教芸術』九七、一九七四年七月
安輝濬「高麗及び李朝初期における中国画の流入」『大和文華』六二、一九七七年七月
中野照男『閻魔・十王図』日本の美術、三一三、一九九二年六月
朴銀卿「尾道市光明寺所蔵『地蔵十王図』」『デアルテ』八、一九九二年三月
中野照男「高麗時代の地蔵十王図」『美術研究』三五六、一九九三年三月
〔餓鬼に食を施す〕
牧田諦亮「水陸会小考」『東方宗教』一二、一九五七年七月（『中国仏教史研究　第二』一九七七年十一月、大東出版社）
山西省博物館編『宝寧寺明代水陸画』一九八五年三月、文物出版社
Kang Woo-bang. Ritual and Art During the Eighteenth Century, *Korean Arts of the Eighteenth Century : Splendor & Simplicity*, The Asia Society Galleries, New York, 1993-94.

著者紹介

一九五〇年、福岡県に生まれる
一九七三年九州大学大学院文学研究科哲学哲学史専攻修士課程修了
東京国立博物館を経て
現在、東京国立文化財研究所美術部第一研究室長

主要著書・論文
中国石窟 クムトラ石窟　閻魔・十王像　十二神将像

歴史文化ライブラリー
110

仏画の見かた
描かれた仏たち

二〇〇一年(平成十三)一月一日　第一刷発行

著　者　中《なか》野《の》照《てる》男《お》

発行者　林　英　男

発行所　株式会社　吉川弘文館
東京都文京区本郷七丁目二番八号
郵便番号一一三―〇〇三三
電話〇三―三八一三―九一五一〈代表〉
振替口座〇〇一〇〇―五―二四四

印刷＝平文社　製本＝ナショナル製本
装幀＝山崎　登

歴史文化ライブラリー

1996.10

刊行のことば

現今の日本および国際社会は、さまざまな面で大変動の時代を迎えておりますが、近づきつつある二十一世紀は人類史の到達点として、物質的な繁栄のみならず文化や自然・社会環境を謳歌できる平和な社会でなければなりません。しかしながら高度成長・技術革新にともなう急激な変貌は「自己本位な刹那主義」の風潮を生みだし、先人が築いてきた歴史や文化に学ぶ余裕もなく、いまだ明るい人類の将来が展望できていないようにも見えます。このような状況を踏まえ、よりよい二十一世紀社会を築くために、人類誕生から現在に至る「人類の遺産・教訓」としてのあらゆる分野の歴史と文化を「歴史文化ライブラリー」として刊行することといたしました。

小社は、安政四年(一八五七)の創業以来、一貫して歴史学を中心とした専門出版社として書籍を刊行しつづけてまいりました。その経験を生かし、学問成果にもとづいた本叢書を刊行し社会的要請に応えて行きたいと考えております。

現代は、マスメディアが発達した高度情報化社会といわれますが、私どもはあくまでも活字を主体とした出版こそ、ものの本質を考える基礎と信じ、本叢書をとおして社会に訴えてまいりたいと思います。これから生まれでる一冊一冊が、それぞれの読者を知的冒険の旅へと誘い、希望に満ちた人類の未来を構築する糧となれば幸いです。

吉川弘文館

〈オンデマンド版〉
仏画の見かた
描かれた仏たち

歴史文化ライブラリー
110

2019年（令和元）9月1日　発行

著　者　中《なか》野《の》照《てる》男《お》
発行者　吉川道郎
発行所　株式会社　吉川弘文館
〒113-0033　東京都文京区本郷7丁目2番8号
TEL　03-3813-9151〈代表〉
URL　http://www.yoshikawa-k.co.jp/

印刷・製本　大日本印刷株式会社
装　幀　清水良洋・宮崎萌美

中野照男（1950～）

ISBN978-4-642-75510-8